じいさん・ばあさんの愛しかた

"介護の職人"があかす老いを輝かせる生活術

老大人陪伴指南

青銀相處開心就好,想那麼多幹嘛?

原書名《愛爺爺奶奶的方法》

三好春樹
Haruki Miyoshi

邱香凝｜譯

Original Japanese edition published by Houken Corp., Tokyo
Traditional Chinese language edition published by arrangement with Houken Corp., Tokyo in care of Tuttle-Mori Agency, Inc., Tokyo through Bardon-Chinese Media Agency, Taipei.

自由學習23

老大人陪伴指南：青銀相處開心就好，想那麼多幹嘛？

（原書名《愛爺爺奶奶的方法》）

作　　者　三好春樹（Haruki Miyoshi）
譯　　者　邱香凝
責任編輯　林博華、文及元
行銷業務　劉順眾、顏宏紋、李君宜

總 編 輯　林博華
發 行 人　凃玉雲
出　　版　經濟新潮社
104台北市中山區民生東路二段141號5樓
電話：(02) 2500-7696　傳真：(02) 2500-1955
經濟新潮社部落格：http://ecocite.pixnet.net
發　　行　英屬蓋曼群島商家庭傳媒股份有限公司城邦分公司
104台北市中山區民生東路二段141號11樓
客服服務專線：02-25007718；25007719
24小時傳真專線：02-25001990；25001991
服務時間：週一至週五上午09:30~12:00；下午13:30~17:00
劃撥帳號：19863813　戶名：書虫股份有限公司
讀者服務信箱：service@readingclub.com.tw
香港發行所　城邦（香港）出版集團有限公司
香港灣仔駱克道193號東超商業中心1樓
電話：(852) 25086231　傳真：(852) 25789337
E-mail: hkcite@biznetvigator.com
馬新發行所　城邦（馬新）出版集團 Cite (M) Sdn Bhd
41, Jalan Radin Anum, Bandar Baru Sri Petaling,
57000 Kuala Lumpur, Malaysia.
電話：(603) 90578822　傳真：(603) 90576622
E-mail: cite@cite.com.my
印　　刷　漾格科技股份有限公司
初版一刷　2017年5月11日
二版一刷　2019年6月4日

ISBN：978-986-97836-0-6

售價：340元

〔推薦序〕

有溫情的人際交流，有溫度的照顧服務

李若綺／弘道老人福利基金會執行長

曾經聽我們同仁分享，有一位接受居家服務的阿嬤出了名的不愛洗澡，如何讓她進浴室洗澡成了同事間的巔峰挑戰。有一次，夥伴想到一個點子，在阿嬤的衣櫥找到一件漂亮衣服，拿到她面前問：「阿嬤妳想不想穿上？」阿嬤點點頭，眼睛發亮，夥伴見機不可失，接著問：「衣服這麼漂亮，要先洗身軀喔，洗完穿上會更美！」想不到，阿嬤為了穿上衣裳，又點點頭，乖乖被帶進浴室洗澡。這場洗澡「攻防戰」，最後因為一件衣服，雙方順利達成共識、和平收場，實在太有意思了！

照顧服務並不是冰冷、機械式的，相反地，這過程中充滿了人際互動，是一種雙向的對流，有時多一分同理和巧思，照顧會更有溫暖、事半功倍，甚至成為堅守第一線照顧現場的熱忱來源。這本書《老大人陪伴指南：青銀相處開心就好，想那麼多幹嘛？》，作者三好春樹先生分享了長年的服務經驗，不僅令我產生共鳴，也使我更堅信這個想法。記得書中有一位老奶奶在三好先生要去進修之前，寫了張卡片勉勵他，那種情誼正是服務現場最可貴的禮物，在日本、台灣皆是如此，不因國界、語言、年紀而有所不同。

也因為高齡化的腳步加速，近年國人對照顧服務的關注越來越多，品質要求也越來越高，希望我們所愛的人都能得到妥善且「以人為本」的照顧，三好春樹先生在書中不時提到的「擺脫尿布」、減少臥床的觀念，也已經在台灣悄悄醞釀，像是創立「台灣自立支援學院」的林金立老師，就提倡讓失能長者減少穿尿布、幫助臥床病人重新走路、解脫約束等情況，不僅要老人家過得健康，也更有尊嚴，相信未來能成為國際之間、照顧服務之間，最普世的價值觀念，也是我們投入第一線服務持續努力的目標。

照顧前線從來不是件容易的事，我非常敬佩所有第一線服務的夥伴們，因為他們都是照顧服務的開端與基石，若長輩沒有獲得好的照顧，後續復健、生活也都難以為繼。期待台灣能有更多的人可以加入照顧服務行列，或是體會認識照顧服務的理念，讓我們所愛、所疼惜的人，可以擁有最自在、最舒適、也最人性化的照料。

〔推薦序〕

向不順從的長照實驗家致敬

陳景寧／家庭照顧者關懷總會秘書長

這是一本關於「好奇心」、「不滿足」改變長照的故事。

目睹傳統醫療照護體系，老人家被限制下床、包尿布，甚至束縛，因此失去生命力、眼神空洞。一個高中輟學、茫然從事過幾個不盡如意行業的年輕人，誤打誤撞走進這個世界，始終覺得「有些事不對勁」而提出反駁，但又常受到專業權威喝止，因此三十一歲時發憤當上物理治療師，試圖找出答案，卻在無意間找到自己最愛的志業。

「關於照顧老人，我們所知真的很有限」，就在台灣長照2.0如火如荼發展之際，每次看到激烈辯論的各方，我常在想，真的有標準答案嗎？一則高齡化是人類社會近期才有的經驗，二則雖然其他國家或有因應對策，但畢竟國情不同，很難完全套用，正如作者提到的一個例子，習慣淋浴的西方國家，無法了解「沐浴泡澡」對於日本老人的重要性與影響，作者與夥伴因此研發出「沐浴照護」，還推廣到全國。此外，西方老人重視隱私，但日本老人卻害怕「孤單單人房」。因此，不斷突破、創新與實驗，或許才是解方。

在《老大人陪伴指南》這本書當中，有許多「長照實驗家」，有人設置了「不拒絕失智或臥床老人的日照中心」、有人成立「擺脫尿布學會」、有人開始推動「擺脫鼻管運動」，他們共同的特質是看不慣現有的服務、不順從被框限的制度，自己動手做，打造他們理想中的照顧服務模式，若無法符合政府補助標準，就改經營使用者願意付費的服務，讓家屬共同參與，走自己的路。台灣呢，是不是有這樣的實驗環境？

這本書，也提出質疑：「專業，是唯一的解答嗎？」最近台灣在長照機構設置標準或服務規範，爭議最大處即是，長照服務提供者是不是需要那麼多訓練、專業？作者提出了「外行人精神」，從老人家、家屬身上學習生活的智慧，就以一般在家的生活方式，作為照顧老人的方式，例如機構不需要購買昂貴的洗澡設備，而是使用一般家用浴缸就能進行沐浴照護。作者說，他漸漸對於「找專業商量」這件事保持謹慎態度，寧可在那麼做之前，由自己「外行人」先盡可能想辦法嘗試改善，才不會扼殺了創新的可能性。

每一段照顧關係，可能改變一個生命和一個家庭，而提供服務的人，從中也獲得更多回饋，還有什麼比這個更吸引人的行業？看到書中，「生活復健俱樂部」、「相互扶持宅老所」等新型服務模式出現，讓身在台灣的我們無比羨慕。期待台灣也能出現更多的「不順從的長照實驗家」，勇於創新嘗試、翻轉現況。

雖然書中許多的故事，大多是關於專業人員的觀察與反思，但透過一段又一段故事，累積作者二十四年來精彩的服務經驗，一張張老人家的臉孔、家人的互動，他們寶貴的生命經驗，也能讓一般人從不同視角，跟著作者一同深入高齡者的內心世界，探索「關於老這件事」，或許能在回頭看望自己的長輩，或前瞻未來年老的自己時，有更多理解與準備。

〔推薦序〕

照顧，使對方也使自己開心

彭懷真博士／幸福家庭促進協會理事長、東海大學社工系副教授

台灣以前長照1.0照顧的對象包括：因六十五歲以上或五十五歲以上山地鄉原住民因老化或失能而有需求、五十歲以上身障者、六十五歲以上僅IADL（工具性日常生活活動功能）需協助之獨居老人。長照2.0再擴大納入五十歲以上失智症患者、五十五到六十四歲失能平地鄉原住民、四十九歲以下失能身障者、六十五歲以上衰弱老人。如此龐大的人口群，需要更龐大能照顧的人。難怪交通部長動腦筋希望郵差也投入長照。

此時，「我為人人，人人為我」的觀念應該大力推動，具體的照顧技巧應該普及倡導。《老大人陪伴指南》這本書的出版，正好為「我照顧他人、他人照顧我」做了

最好的說明。作者告訴我們：照顧不難，照顧可以帶給被照顧者快樂，也絕對可以使自己開心。

許多人都抗拒醫院，都不喜歡跟老人相處。上帝早在我十歲時，就把社工的種子放在我幼小的心靈之中。小學四年級時，一週有好幾天下課後，我獨自搭半小時的公車到小南門的醫院，陪伴有各種病痛但不怎麼喜歡當病人的叔公，他的妻子兒女都在大陸。醫院的伙食還不錯，叔公總是留一些給正在發育中的我。待到晚上七點半，他給我兩個牛奶瓶，退瓶費就是零用錢。然後，我到公車站等車，通常要等二三十分鐘，那時就會想到老人、醫院、照顧等問題。

叔公的人生末期，我在台中念國中三年級，農曆年初一就北上照料，他已經不省人事，我照顧敬愛的人十幾天後走完人生之路。

到了東海讀博士時，比我大四十歲的梅可望校長非常照顧我。許多人怕他，我卻由衷欣賞與佩服，因此有了三十四年的追隨。他九十九歲生命結束前的五天，我與女兒、外孫女還去陪他。攙扶他的手走路，是我人生珍貴的片刻。

照顧，心態是關鍵。妻子是老病號，近兩年內三度住院，去年因髖骨破碎，半年多不良於行，連洗澡都要幫忙，我還要照顧幾個月大的外孫女。但我很喜樂，能夠照顧人，是一種光榮。喜樂的心使我們正面看待生命裡的功課，尤其是面對長輩老去的功課。

作者以輕鬆的文筆描述照顧老人的情況，生動有趣。「使老人家開心」是工作的原則，調整心態，真心愛被照顧者，就不會不開心。作者分享換尿布那一段，很精采：

> 確實，剛開始體驗換尿布任務的人，肯定會吃不下飯。不過，人類擁有非常強的適應能力，到了第三天，真的就能一邊吃著咖哩飯一邊想「〇〇先生的大便狀況差不多就像這樣」了。
>
> 所以，不管再怎麼討厭又臭又髒工作的人，只要忍耐個三天，之後無論三年或是十年都應該能持續下去。

人生能夠接觸不同的人、面對不同的情境、處理不同的難題、經驗不同的感受，是多麼有趣又有意義。作者在書中分享親身的經歷，帶領讀者進入照顧的真實情境裡，比看電影還有意思。

電影吸引人的原因之一是給觀眾大大方方了解其他人及其家庭的機會，而照顧人更給予照顧者直接探究被照顧者人生、家庭、生活世界的機會。最近朋友住院，我去探望。他偷偷告訴我：隔壁床的大腸癌患者，老婆又凶狠又冷漠，外籍看護工是病患的性伴侶，在人前叫病人「阿公」，晚上擠在病床上叫「老公」。在長照環境中，這樣的情境太多了。

當然，照顧技巧不可少。許多細膩的動作，在書中處處呈現。作者不是學院派的理論家，而是親切的實踐者，讀者可以輕鬆閱讀，多方學習。

我是社會工作者，社工經常扮演與家人聯繫的角色，是被照顧者與機構、與其他專業人士甚至與其他家人之間的橋樑。如何面對家人、處理家庭間糾纏的關係，書中也有精彩的案例及具體的建議。

老，是無數人的明日，今日做準備就可以安排自己的明日。如同作者提醒的：

你能面對自己的老去嗎？對於討厭老人的人來說或許很難吧。畢竟，你討厭的不就是未來的自己嗎？現在無法好好和老人相處的人，未來或許也無法好好面對自己。反過來說，現在能和老人和樂相處的人，肯定也能開心面對老後的自己。

我喜歡讀這一類的書籍，我也常去醫院，常扮演照顧者，因為我要充分準備老去的自己、住院的自己、需要被照顧的自己。

目次

第4篇　住在家裏的老人更堅強——居家照護的啟發

前言　照護現場的不可思議法則

「橋本太太。」這樣叫她時沒有反應。「山口小姐。」試著改口這麼叫，還是沒反應。「小安。」這麼一叫，好不容易才聽到一句：「啥事？」

橋本安，九十五歲。「山口」是她結婚前的姓。很多上了年紀的女性，對自己的稱呼都會改回舊姓。因為我碰到的案例不多，還無法舉出數據來證實，只是，夫妻感情愈差的人會愈早改回舊姓，總覺得這個法則是成立的。年紀更大，失智情況更嚴重後，心智會回到更小的時候，對自己的稱呼甚至會回到從小到大別人對自己的暱稱，所以我才試著喊她「小安」。

在老人照護的第一線還有許多其他法則。年紀大了行動不便，總是需要有人來照護。他們與看護（helper）或舍監阿姨之間的關係往往和體重成反比，和個性成正比。也就是說，體重愈輕、個性愈好的人，身為一個被照護者的條件愈佳。反過來說，體重太重或個性不好的人，對照護者來說愈覺得麻煩。

不過，即使是和我一樣的胖子也不用太擔心。所謂的個性好，並不是需要有多高尚的人格，只要能對我們說一句「謝謝」就夠了。無論是多頑固的老頭，性格多扭曲的老太太，只要願意說句「謝謝」，我們做看護的就會很高興，下次還是很願意來幫忙。

光是能理解這一點，我覺得從事老人照護這一行就有意義了。因為，就算將來自己老了，行動不便，大概也不用擔心會跟看護或舍監阿姨起衝突而無法生活。就算任性地提了一大堆要求，最後說一句「謝謝，你還願意來幫我嗎？」應該就行了。

但是，還是有需要擔心的事。男人不管到了幾歲都很色。但同樣是色鬼，還是有受舍監阿姨和看護喜歡的色鬼，和被人討厭、避之唯恐不及的色鬼。

德水爺爺就是個明明只能躺在床上，一有機會還是會把手伸進舍監阿姨裙子裏摸人家屁股的老色鬼。可是，阿姨們都很喜歡他。如果手被啪地拍掉，他也只會流著口水發出耶嘿嘿的笑聲。相較之下，三上爺爺就很不受歡迎。「那個人很下流」，舍監阿姨總是皺著眉頭這麼說。可是，其實他什麼也沒做，只是眼睛一直盯著阿姨和護士的胸口而已。

這裏面究竟可以看出什麼法則呢？似乎是這樣的，受人喜歡的色鬼好像原本就是喜歡捻花惹草的花心男，而被討厭的色鬼原本卻是老實的正經人。即使一樣都是色鬼，被喜歡的程度卻和過往的人生態度成反比呢。

這麼一來，老實的我可就傷腦筋了。總不能活到這把年紀了才開始捻花惹草吧……這是即將邁向老年的我，最大的難題。

你能面對自己的老去嗎？對於討厭老人的人來說或許很難吧。畢竟，你討厭的不就是未來的自己嗎？現在無法好好和老人相處的人，未來或許也無法好好面對自己。反過來說，現在能和老人和樂相處的人，肯定也能開心面對老後的自己。

或許有人會懷疑，真的有這麼簡單嗎？我希望這樣想的人能來讀讀這本書。我從二十四年前開始進入老人照護的第一線工作，三十一歲時成為物理治療師，協助老年人進行復健治療。這樣的我，把我和老年人之間的交流與感想寫成了這本書。在帶有如此私人性質的散文中，如果能夠呈現出新的照護觀點，提出新的角度來探討老人問題，那將是我無上的榮幸。

第一篇

與年老的邂逅是個巧合

——老人照護的初體驗

1 你認為這裏的老人很可憐嗎？

曼哈頓的化妝水

「三好，你來一下。」

那天被照護指導主任這麼叫去，是我開始在特別照護老人安養中心工作後的第十天。

「如何？覺得在這裏工作怎麼樣？」

「呼，總算能把每一位老人家的臉和名字連起來了。」

當時的我二十四歲，一頭長髮，看起來就像個缺乏社會經驗的研究所學生。照護指導主任是一位比我年長的女性，聽說以前在大學裏專攻社會福利。

「你認為這裏的老人很可憐嗎？」

她突然這麼問。

「不，我不認為他們可憐。」

「哎呀，是嗎？為什麼？」

「不是有一位叫做岡田雅的老太太嗎？」

我舉出一位入居老人的名字，她是八十四歲的女性，因為腳不方便，走路時總是推著步行輔助器。她的生活過得我行我素，這麼說還算好聽的，其實她就是活在自己的世界裏。「早上十點要開朝會喔」、「下午兩點左右輪到您洗澡，請記得準備喔」，這些話跟她說了也是白說，畢竟她整個上午都在忙著化妝，下午又在忙著補妝。到了要洗澡的時候，光是選衣服就能花上兩個小時。聽說她是名門出身的大小姐，從小就在傭人的包圍下過著隨心所欲的生活，即使到了八十四歲住進我們的老人安養中心，她還是一個大小姐，真的很了不起。

「在那個人眼裏，我就是個下人。」

聽我這麼說，指導主任放聲大笑。她也被當作下人盡情使喚過。她每週一次會詢問入居者需要什麼，而出門幫忙採買，這時候她往往被岡田奶奶搞得很煩。我曾經跟著她去見習，親眼見到無論對哪位老人家都很親切的她，唯獨對岡田奶奶相敬如賓。

「請問您這星期有沒有什麼要買的呢？」

忙碌的岡田大小姐似乎正在找東西，跪坐在床上背對主任，一邊往枕邊的櫃子裏伸手翻找，一邊漫不經心地說：「啊、我現在正忙呢，等一下再來問可以嗎？」

過了一會兒再去問她，她卻說把想要的東西寫在紙上，但忘了那張紙放在哪裏了。找了一會兒找到了，這才讀出紙上寫的東西。「哎呀，真抱歉呢。上了年紀記性變得好差，讀女中時才不會這樣呢。我看看喔，化妝水沒了，請幫我買回來，一定要曼哈頓化妝水，其他的不行喔。」

當時，曼哈頓這個品牌的化妝品幾乎已經沒人聽說過，卻是她從以前就愛用的品牌。指導主任得先向專賣店或百貨公司查詢是否還有存貨，想盡辦法才買到這款化妝水，帶回來給岡田奶奶。

「啊、是喔，謝謝呢。」

被岡田奶奶如此道謝的指導主任問我：「令人佩服的是那個人一定會說『謝謝呢』。如果被其他人這麼說，我一定會回答『不客氣，這是我分內的事』，唯獨對那個人不想這麼說，到底是為什麼呢？」

嗯，因為她的「謝謝呢」裏面沒有一點感謝之情吧。感覺就像有錢人家的太太對僕人說的場面話。

岡田雅的染髮專員

比買東西更麻煩的是染髮。問她需要採購什麼回來時，她指定了要買把白髮染黑的染髮劑。岡田奶奶的眼睛已經隨著年齡增長而看不清楚，手指也總會顫抖，要靠自己把兩種染髮藥品混在一起塗在白頭髮上是很困難的。為了說服她放棄，舍監阿姨和指導主任很努力地跟她說：「八十多歲的人有白頭髮一點都不丟臉啊」、「滿頭銀髮的人反而很漂亮呢」，但是對她而言，「下人說的話」總歸是聽不進去的。

「可是啊，有白頭髮感覺會很像老人欸。」

都已經八十四歲的人了，還說什麼「感覺會很像老人」，真不知道對她來說幾歲才算「老人」。就像人家常說的，人不管到了幾歲都不認為自己是老人，比自己老的人才算老人。過去日本最長壽的泉重千代爺爺被問到「喜歡的女性類型」時，他的回答是「比自己年長的女性」，這當然是一句玩笑話，就算他是認真的也聽起來很有趣。老人總是這樣，會說些不知道是開玩笑還是認真的話，或做些這樣的事，有時逗得周遭的我們很開心，有時又令人感到不知所措。話說回來，岡田奶奶的「感覺會很像老人」一時之間也成為我們職員之間的話題。

就因為這樣，說服她放棄染髮的事也終告失敗，岡田奶奶開始和染髮劑搏鬥了起來。

首先，她必須從閱讀說明書開始。為了這個，得先找出放大鏡，還得擦掉老花眼鏡上的髒污。光是這樣就花了一小時。開始讀說明書後，只要遇到不認識的字，她又會推著步行輔助器一次一次走去問值夜的舍監阿姨。

「請問一下，妳知道這個字怎麼唸嗎？」

「哪個字呢？」

花了四、五分鐘才找到她想問的字。阿姨教了她之後，又是那慣例的「謝謝呢」。也不忘來一句「讀女中時學的字不是這麼寫的喔。現在真是不管什麼都變新了啊」。

解讀說明書的作業一直持續到深夜，可是隔天起來又忘了，只得再次從找放大鏡開始重新來一次，這樣反覆了好幾天，她才終於放棄自己染頭髮。

第二天起，岡田奶奶開始觀察舍監阿姨們。她似乎是想找出有染髮的阿姨，再拜託對方幫她染。沒想到，她的視力不好，加上舍監阿姨們都穿得差不多，她似乎分辨不出阿姨們的年紀了，對著剛滿三十歲的舍監說：「妳的頭髮染得真漂亮，可以也幫我染嗎？」結果換來斬釘截鐵的一句：「我才沒那麼老！」而遭到拒絕。不用說，那位舍監當然也很沮喪。

「她眼睛看不到，只能用聲音判斷，是因為妳的聲音聽起來比較成熟穩重啦。」指導主任趕緊這麼安慰。連這都包括在社會工作者的職務範圍內了。

不過，岡田雅才不會被這點小事打倒。把所有舍監阿姨問了一圈，沒有得到半個友善的回應，她便開始將目標轉向其他入居者的家屬或義工身上。事情發展到這個地步，出於對她的一點同情，以及為了不要麻煩到職員以外的人，其中一位舍監只得接下「岡田雅染髮專員」的任務。一般工作時沒有空做這件事，只能利用下班後的時間，說起來就是當義工了。

那幅景象還挺有趣的，向來把舍監阿姨當下人般使喚的岡田雅，因為知道如果想染頭髮只能靠這個人了，遣詞用字也變得尊重許多。舍監的態度則比平日大牌，說起話來不是指示就是命令，岡田雅全部都乖乖遵從了。

一染完頭髮，她還是照慣例說了「謝謝呢」。事實上，那之後只要遇到這位「染髮專員」值夜的晚上，岡田奶奶總會用面紙包一些現金，想塞給對方。聽說這種事發生了好幾次，那位舍監當然都婉拒了。聽到有些同事說：「就收下有什麼關係，當作加班費啊，」那位舍監是這麼回答的：「才不要呢，難得看到那個人這麼客氣的樣子，要是收下她的錢，讓她又趾高氣昂起來就不好玩了。」

嗯，原來是把「染髮」當作武器，只有這種時候才能在心理層面佔上風啊。一心想著對平日的岡田雅還以顏色的她，心裏所想的遠超過所謂的「義工精神」。

應該有更像樣的工作吧……

人們都認為住在老人安養中心的老人很可憐。在我到這裏工作的前十天，我也還是這麼想。不過，這個誤會可大了。

「欸，你可以幫我唸一下這個字嗎？」

手拿放大鏡，正瞇起半邊眼睛閱讀市售維他命服用說明書的岡田雅這麼叫了我。和讀染髮劑說明書時一樣，她看不懂簡化過的新式漢字。「啊，是喔？這個字以前是這樣寫的喔」說著，她流暢地寫下筆劃多得恐怖又難懂的字給我看。不愧是讀過女中的人。接著，她依然不忘那句「謝謝呢」，從這種注重禮節的地方就看得出她的好家世。不過，後面說的那句，也是這種出身良好的人特別愛說的話：「你還這麼年輕，竟然在這種地方做這種工作。應該有更像樣的工作可以做吧？」

「做這種工作真是不好意思喔」這句話我當然是放在心裏嘀咕，臉上只能苦笑。

一般來說，那些家世好、沒吃過苦的人，不知該說是太直白還是太天真，總之就是少了點同理心。正因沒有惡意，反而麻煩。

看來，可憐的人好像是我。

住進老人安養中心，因為腳不好所以需要人照護，這些確實都很辛苦。可是，光看到這些就覺得對方可憐，其實只是看到一個人的一小部分罷了。事實上，每個人都有很多面向。

舉例來說，對岡田雅而言，比起「在這種地方做這種工作」的我們，住在老人安養中心裏、因為腳不好而需要靠別人照顧的自己，是個「更像樣的人」。是這一點支撐著她，不，應該說，這就是她。

或許有人會說，這不過是她個人的主觀想法罷了。可是，我實在不認為會有一個客觀的世界能擺脫所有的主觀而存在。至少，在長照現場這個與老年人相關的世界裏，投身其中的我實在無法這麼認為。

給慰問團面子的人，不給面子的人

有時，老人安養中心會有人來「慰問」。對這些人來說，入居的老年人是一群可憐的、需要安慰的對象。

我就職後第一個來訪的慰問團，是由一個舞蹈同好會的成員所組成。在朝會上向老人們致詞的同好會代表，開口第一句話就是：「養老院的各位，你們好嗎？」隨後，安養中心的園長略帶歉意地拜託那位男性代表：「不好意思，現在已經不用『養老院』這個詞了，結束致詞的時候請不要再用這個詞了。」不過，指導主任的看法有些不同，她露出半放棄的表情說：「反正老人家們自己都說養老院了，沒關係啦。」

對於這些慰問團的來訪，有些老人家表現得很高興。比方說林田允奶奶，她總是會坐第一排，對表演者送上熱烈掌聲。表演結束後，也會握著舞蹈同好會成員的手，流著眼淚說：「謝謝你們，太棒了、太棒了！」看起來很開心的樣子。然而，當卸完妝、換上便服的慰問團員們從大門離開後，她又冒出一句：「哎呀，表演得真是太差了。」我嚇了一跳，問她：「妳剛才不是很開心嗎？」她就回我：「畢竟人家特地來一趟嘛。」

最後，林田奶奶甚至還評論說：「表演得好不好，只要看指尖和眼神就知道了。」在安養中心，也會有像林田奶奶這樣，在慰問者面前扮演「可憐老人」的入居者。這並非出於欺騙之心，反而是出於一種貼心的體諒，配合對方心中所塑造的老人形象，扮演另一個自己。

不過，最近像林田奶奶這樣給「慰問團」面子的人愈來愈少了。對來訪的慰問團表演不感興趣就不參加，即使來了，只要覺得內容不有趣，立刻毫不給面子地起身離席。失智症老人的增加也是原因之一，罹患失智症的老人家對自己很誠實，只要覺得慰問團的表演內容無趣，連五分鐘都不會多留。

我這麼說，並不是想叫那些想「慰問」老人家的善心人士「別來」。我想說的是，如果認為「在別的地方無法見人的差勁表演，在老人院表演應該還好啦」，那還是別來比較好。真的要來的話，請拿出能讓深具鑑賞品味的老人家和失智的老人家都能眼神發光地看完二十分鐘的表演。沒有一定實力的表演者，是很難做到這一點的。

當然，也有必要把「養老院」改成「老人安養中心」，把「慰問」改成「訪問」……

「我十八歲時出嫁過一次喔。才三個月就被休了，到現在我還不知道原因是什麼。」

說來失禮，除了岡田雅奶奶本人之外，大家應該都知道原因是什麼。不過，直到過世，岡田奶奶都沒能解開這個謎團。到最後，岡田雅還是岡田雅。

來為岡田奶奶辦理各種手續的是幾位高雅的婦人，應該是她的姪女。她們整理了她的遺物，大部分都留下沒有帶走，只說了句「請隨意處理吧」。其中包括兩本岡田奶奶愛用的字典。那兩本被書蟲蛀過，書頁都變成褐色的字典，如今正並排著放在我的書桌上。我不忍看它們跟其他遺物一起被燒掉，留下來做為紀念。

一本是《新詞彙字典》，由實業之日本社於大正七年十二月五日發行的第六刷，價格為八十五錢。另一本是《中學模範英和新辭典》，不用說，「學」字和「辭」字還是過去繁複的舊字體。這本辭典是由盛林堂於大正七年八月二十日發行的第二十四刷，特價一圓五十錢。

英和辭典的第一頁是「發音法」。

a〈ei〉：首先分開唇齒，將嘴巴往橫拉開，從咽喉用力發出〈e〉的音，再放鬆舌頭輕輕補上〈i〉的音。

一個人伴隨著她的時代氛圍離去了。我有這種感覺。

2 人上了年紀，個性會變得更鮮明

老人照護——不能用男性當職員嗎？

從我離職自立門戶以來，時常到全國各地演講，每年大約演講一百五十場左右。每次接下演講的邀約，主辦單位就會要求「請提供演講者的簡歷」。我總是影印書後的作者簡介寄給對方，因此往往在開始演講前，司儀就會照著紙上印的唸出來：

「一九五〇年生於廣島縣吳市，高中中輟後，做過各種各樣的職業……」雖然我覺得不用唸出這一段也無所謂，但演講會場的善男信女們聽到這裏，似乎就會瞬間冒出疑問「這傢伙到底是何方神聖」，而對即將上台的我感到好奇，所以也就算了。

我確實「轉換」過很多職業。在某種原因下高中輟學，所以只有「國中學歷」和「高中畢業程度的學力」，以這種條件找工作，又沒有足以取代學歷的體力或耐力，所以不管做什麼工作都無法持久。

我做過家具店員、書店員、柏青哥店員、化學工廠的承包作業員、縫紉機推銷員、再回去做柏青哥店員……做過的工作多得現在已經記不起來了。最短的做了三天。縫紉機推銷員做了三個月，從此之後我絕對不買任何人推銷的東西。真正需要的東西，消費者會自己去買，上門推銷的都不是你真正需要的東西。所以，我連壽險都沒有買。

二十四歲時，我在貨運公司從事搬運現場的事務工作。這份工作已持續了兩年半，刷新了我最長工作的紀錄，但我也開始盤算差不多該辭掉工作，來領失業保險金過一段日子。

就在這個時候，一起參加讀書會的牧師跑來找我商量：「教會經營的老人安養中心舍監人數不夠，正在傷腦筋，你有認識的人可以介紹嗎？」當時，周圍有好幾個和我一樣沒有穩定工作，就算有也做不久，總是一再換工作的朋友，牧師的意思是要我問問其中的幾個女生。

「男的不行嗎？」我問。「嗯……我問園長看看。」這麼說著他就掛上電話。隔天，園長和指導主任來找我，看來安養院的人手真的很不夠，他們也走投無路了。

景氣好的時代，人手不足是很常見的事。他們沒想過年輕男性也會想在老人安養院工作，但畢竟也算是花力氣的工作，有男性願意來做是求之不得的事。「老人照護和其他工作不一樣，雖然很辛苦，但看到老人家第一次露出笑容時，那種難以言喻的喜悅，也只有在這份工作上能夠獲得。」他們這麼對我說。

但我有點猶豫。儘管對當時的工作毫不留戀，雖時都可以辭掉，但我是小家庭的獨生子，幾乎沒有和老人說話的經驗。祖父母在父親小時候就過世了，外婆也在我還沒有記憶時往生。唯一健在的外公與大舅住在一起，平常很少機會跟他相處。換言之，老人安養院的工作對我來說，是個完全陌生的世界。

此外，當時朋友還介紹了我另一份工作，是在大型工會當書記。我對工會書記的工作並不陌生，可以說很容易上手。整理文章或寫文章對我而言也一點都不難。然而，自己太擅長的工作做起來一點意思也沒有，出於這樣的心情，我反而被這個不確定自己是否做得來的「未知領域」深深吸引。

極樂寺山中的老人安養院

我決定前往這個「未知的領域」「偵查」一番。那裏究竟是個什麼樣的老人安養院，就算只能看看外觀也好。

那個我可能會去工作的老人安養院，位在非常偏僻的地方。最近，在城市裏看到安養設施已經不足為奇了，然而當時，只要提到要設立老人安養院，經常引發當地居民的反對與抗議。再加上這家安養院的建設經費似乎來自教會信徒的奉獻，在沒有多餘預算的情況下，只能選擇便宜的土地，如此一來，只能買到遠離鬧區的荒涼地帶。

地點雖說是公車的終點站，但是，一天只有三班公車。從站牌處沿著陡坡往上爬，才能到達安養院。我的愛車，三菱迷你三六〇的照後鏡完全被排氣管的黑煙籠罩，什麼都看不見。引擎快撐不住了啊，正當我這麼想的時候，一棟白色簡潔的建築物出現在山坡斜面上。雖然是基督教團體經營的老人安養中心，這座山的名字卻叫極樂寺山。安養院位於山腹中段，比安養院高一點的地方只有一間民宅，後來我才知道，那是園長家。

環顧瀨戶內海，能夠從正面看見宮島起伏的山稜。不過，比起周遭的景色，我對建築物的內部更有興趣。可是只從外面看，能得到的資訊有限，待得太久又顯得鬼鬼祟祟。最重要的是，前方的道路已經無法前進，除了迷路的車輛之外，只有安養院的相關人等能進出。

正當我想打道回府時，一位老奶奶走出陽台。她穿著睡衣式的深藍色和服，圍著一條圍裙，再披上一件稍厚的外衣，看來正打算把什麼東西搬出門外。原來是用三合板和四角木條做成的布告欄，上面貼著模造紙，紙上用麥克筆寫著讚美詩的歌詞。一邊和差點關上的門板搏鬥，好不容易將那塊布告欄搬出陽台的她，接著開始打掃起陽台角落的小鳥屋。

我心想，原來這裏也有身體狀況比較好，還可以幫忙做些雜事的老人家啊。原本在我心目中，住進特別照護老人安養中心的，都是臥床不起的老人。另一件讓我印象深刻的事情是，她的動作慢得難以形容。布告欄的腳架被門卡住了，為了分開腳架和門，這次她不得不先把門關起來。然而，推回去的門無法順利固定，她就這麼以緩慢的動作重複了好幾次。在貨運公司工作時，要是有人動作這麼慢，我一定會焦躁得受不了。可是，她的動作一點都不會令我焦慮，也不會興起想上前幫忙的心情，甚至可以說，那緩慢的動作為我帶來了一種安心感。那是一種不可思議的感覺，總覺得是這份感覺促使我決定在老人安養中心工作。

那位老太太名叫中石茂子，是這間安養中心的「老大」，也是五十位入居者當中動作最敏捷的一位，這件事，是我開始這份工作之後才知道的……

上了年紀的人，個性會變得更鮮明

人上了年紀之後，人格會變得完整，個性也會變得圓滑，所以住在老人安養院的老人家，在接受照護者幫忙後都會雙手合十地說「謝謝」，每天讀經過日子。這就是我一向以來的老人觀。現在可能很多人還是這麼想吧，只可惜我的老人觀在開始工作後一個星期就面目全非了。這裏的老人當中，個性最鮮明的就是前面提到的岡田雅，除了她以外，還有許許多多各式各樣的類型。

剛開始的兩天，五十位老人家在我眼中看起來長得一模一樣，連男女都難以區分。這個人是男的嗎？還是女的？這裏是女性房間所以應該是女的吧。大概就像這樣。不過，到了第三天左右，每個人的個性開始清楚地浮現出來。有個爺爺會將情書親手交給指導主任，上面以漂亮的草書寫著「要不要和在下一起去夜總會」。還有，總是呆站在女性房間前面的平口爺爺其實暗戀前面提到的那位喜歡慰問團的林田奶奶，會一直盯著她看。

就連有失智傾向的人也充滿了個性。杉本龍爺爺一看到我就問：「你是第幾期的？」指導主任讓我看檔案櫃裏他的生活履歷，原來杉本爺爺過去當了三十五年的老師。他是把我當成以前的學生了。有時會穿上西裝外套，提著行李說「我要去俄羅斯」的野口爺爺，據說過去住在中國東北時，很受白俄羅斯女人的歡迎。因為腦中風引起全身麻痺僵硬，總是舉起行動不便的手擦拭口水的山口先生，整天都躺在床上閱讀赤旗報（譯注：日本共產黨中央委員會發行的全國性官方報），一查之下，他果然是個忠貞的共產黨員。

別說個性變得圓滑，更別說什麼人格完整了，人上了年紀之後，個性只會愈來愈鮮明。老實的人愈發老實，頑固的人愈發頑固，色狼只會變成色老頭。

過去我內心擅自懷抱的老人形象完全破滅，卻不知為何鬆了一口氣。既然人到最後會活得這麼有個性，那何不從年輕的時候就好好珍惜自己獨特的個性呢？

配合「老人模式」的節奏

人生有固定的軌道。比方說，考上好大學，畢業後任職大公司，結婚生小孩，蓋屬於自己的房子，出人頭地。這似乎是每個人視為目標的軌道。不知該說幸運還是不幸，我高中就輟學，早已偏離了這條人生軌道。對於這件事我雖不後悔，內心仍有「這樣真的好嗎」的不安。抗拒固定的軌道固然沒問題，問題是自己又將走上怎樣的人生道路？我連一點信心也沒有。

就在這時，我與老人們相遇，並且就此豁出去了。人生並非只有一條通往圓滿人格的路。走在人生路上，過程中每個人看到的風景都不一樣，不是嗎？既然如此，沒有必要對已經偏離的軌道依依不捨，事到如今也不用再將脫離軌道這件事賦予新的意義。活自己想活的樣子，如此而已。安養院中的老人們彷彿這麼對我說。

當然，面對「陌生領域」的工作，我還是會迷惘。因為，這和過去經歷過的所有工作都太不一樣了。

在一般的工作上，追求效率是最重要的課題。然而，當你的工作對象是老年人時，效率至上主義並不適用。別說適用了，愈提高效率只會讓效率變得愈差。

有一天，我得聯絡四位老人家一些文書事務。沒記錯的話，應該是關於年金給付辦法的變更說明。當時正逢忙碌期，我按照順序造訪了四人的房間，迅速俐落地一一做完說明。不，應該說是我自以為都完成了說明。在那之後，四人中有三人跑來問我：「先前講的那個是怎麼回事？」我原本想有效率地將這件事傳達給他們，結果卻是欲速則不達，多花了一番工夫。這件事還沒完，我以為剩下的那個人已經完全理解了我的說明，結果，他是完全地誤解了。幾天後為了解開他的誤會，只得再花一番工夫重新說明。

從此以後，我在老年人面前一定盡可能放慢節奏，採用對方能理解的速度配合他們。趕時間的時候，即使在自己的辦公桌前工作得再快，甚至到了必須在走廊上小跑步的地步，只要一站在老人家的房門前，一定先深呼吸，讓自己平靜下來，配合「老人模式」調整節奏。走出房間後，再調回「一般模式」繼續小跑步。大概是像這樣。

要是所有事都用「老人模式」來做，天一下就黑了。可是，一旦面對老人家，就不能再緊抓自己的時間觀念不放，得配合老人家們的節奏才行。這種時候，得忘記以效率為基準的世界共通時鐘，轉而去順應每一位老人家的體內時鐘。以結果來說，這麼做效率最好。

老人長照的可怕之處

「薪水比以前少了吧？」

開始這份工作後，經常有人這樣問我。畢竟是社會福利方面的工作，待的地方又是老人安養院，大家都覺得薪水一定很低。的確，如果光看每個月的薪水，確實比上一份工作少。不過，連獎金都算進去的話，其實差不多扯平。貨運公司的獎金少得可憐，相較之下，福利設施在這方面好歹「比照公務員標準」，當時我每年可領到相當於五點二個月的獎金。

再說，在老人安養中心工作不必加班。民營企業不但幾乎天天加班，有時還領不到加班費。所以，若以時薪來計算，在老人安養中心工作的待遇還比較好。

「工作很辛苦吧？」

這題也經常被問。或許有人認為，老人長照的工作可以用曾經流行過的詞彙「3K＝吃力、臭、髒」（Kitsui、Kusai、Kitanai）來代表，實際上在長照第一線工作的人，也確實以這三點為改善的訴求。

可是，我的想法是，會說那種話的人大概沒做過其他工作吧。那些以營利為目的的民間企業，就算做的不是體力活，不用聞便溺的臭味也不怕弄髒，卻是一個更嚴苛的世界。一旦工作效率不佳，馬上就會被解僱。我還在幹縫紉機推銷員時，每天傍晚都要舉行一個儀式，就是在眾人面前大聲說出當天簽約的件數。只簽到一張合約的人就喊「一件！」，兩張的人喊「兩件！」（兩件以上可獲得掌聲），毫無斬獲的人喊的是「很遺憾！」。我在那裏工作的三個月當中，就有三個老是喊「很遺憾！」的推銷員被解僱。勞基法什麼的，在那裏根本有名無實。

相較之下，在社福工作的世界，工作成果不會表現在業績上。而且，相當於客戶的老人家和他們的家屬也完全不會提出客訴。無論照護者動作多粗魯，講話多無禮，不只站在弱勢立場的老人家不會抱怨，家屬也因為老人家這個「人質」握在對方手中，一樣不會口出怨言。

民間企業當然不可能這樣。有時只因顧客的一句客訴，可能就會丟了工作。因此，我對老人長照這份「職業」的第一印象，其實可以說是「很好混」。不用拿出業績又不用擔心客訴，還有比這更好混的世界嗎？直到現在，我依然認為這個第一印象沒有錯。

不只是長照領域，看護領域的工作也給我同樣印象。護理師提出的「這種3K工作很辛苦」的訴求，甚至曾被我嘲諷地說成是「權威主義、管理主義、科學情結」（譯注：這三者的羅馬拼音開頭也是K）。

的確，照護和看護的工作都很吃力、很臭、很髒。可是，最辛苦的並不是這個。這份工作真正辛苦的地方，是透過這些又吃力、又臭、又髒的工作，既可能讓老人家們愈來愈不行，也可能反過來讓他們愈來愈有活力。這才是這份工作最可怕，也是最辛苦的地方。

當時的我還不明白這個可怕之處。事實上，那樣的我才真是太天真了。

到職一星期後，我已經能把五十位老人家的臉和名字分辨出來了。同時，也無法再脫離這份被有著鮮明個性的人們圍繞的工作。現在回想起來，那或許是為了找出屬於我自己的個性。不，更進一步說，或許這是一趟旅行，其目的則是為了找回自己差點失去的身體感覺。

3「小仁」的香菸

臭味只要三天就能習慣

從安養中心離職之後，我在北海道新聞報上開了一個「老人長照Q&A」的專欄，每週一次，前後寫了兩年半。期間固然收到不少照護者寄來的問題，這些信大多鉅細靡遺地描述老人家發病以後的過程以及與家屬之間的問題，內容實在缺乏普遍性，很難在報紙專欄上討論。實在沒辦法，我只好一一回信，有些情況下還拜託認識的保健護理師上門家訪，以這樣的形式做為回應。

也因為如此，儘管專欄名稱是「Q&A」，多數時候還是由我自己自問自答。但是令人意外的是，也收到許多年輕人的來信詢問，不禁令我感受到時代的轉變。

想從事老人長照的工作，該如何學習才好？「個人助理員」（譯注：日本稱為介護福祉士。由於身心障礙者身心功能缺損，須由身心功能相對健全者，代替身心障礙者在肢體、心智與溝通功能上的不足，提供個人化的貼身協助）的執照要如何取得？幾乎主要是高中生在問這類的問題。其中也有這樣的問題：「我想從事照顧老人家的工作。可是，家人或朋友聽了總是說『換尿布很臭，是很辛苦的工作喔』。我想，光是喜歡和老人家說話，或是喜歡照顧老人家，可能還不足以勝任這份工作。請問，換尿布真的很辛苦嗎？」

我的回答如下：「臭味只要三天就能習慣。」

當然，光是這句話無法填滿專欄的篇幅，於是另外加上了現代已可運用生理學的技術照顧老人的排泄，使他們不要排便在尿布上等等內容。話雖如此，這些以「自問自答」為主的Q&A連載內容，整體看起來竟也頗像一回事的，至今已集結為《老人長照Q&A》和《零臥床Q&A》（皆為雲母書房出版），有興趣的人請參考看看。

確實，剛開始體驗換尿布任務的人，肯定會吃不下飯。不過，人類擁有非常強的適應能力，到了第三天，真的就能一邊吃著咖哩飯一邊想「○○先生的大便狀況差不多就像這樣」了。

所以，不管再怎麼討厭又臭又髒工作的人，只要忍耐個三天，之後無論三年或是十年都應該能持續下去。

前往印度旅行的她

無法持續做這份工作的，其實是另一種類型的人。「想為不幸的老人奉獻自己的人生」，抱持這種想法而投入老人長照工作的人，通常無法持久。他或她們不會因為老人的大便又臭又髒而辭去這份工作，相反地，他或她們甚至會告訴自己，不可以有覺得髒或臭的念頭。

我長期舉辦「生活復健講座」，有一位當時三十幾歲的A小姐非常勤於參加這個講座。不只在講座結束後的會場，連一起去喝兩杯時，A小姐都會不斷高談闊論她照顧老人的事。比方說，她很喜歡提到有些臥床不起或罹患失智症的老人，在自己的照顧下有了什麼樣的改變，往往說上好幾個小時也不膩。仔細一問才知道，原來她連休息時間都守在老人身邊，甚至連休假日都去安養院當義工。

起初，我對她只留下「好熱心的人啊」的印象。然而，當時我一個月舉辦一次這個講座，每個月都會和聽眾見面，結束後也會和其中幾人去喝兩杯。幾次下來，她的談話中開始出現抱怨。她說，自己明明如此熱心投入照護工作，卻得不到對方的認同。

「明明已經站在老人的立場做事了，卻還是得不到主管或同事的認同」，如果是這類抱怨，我倒是經常耳聞。不過，抱怨自己不受老人認同的人倒是很罕見。我心想，這個人只是嘴上說自己喜歡老人，其實她喜歡的只是「照顧老人的自己」罷了。

又過了一個月，她竟然開始埋怨「我們那個安養中心的老人都不懂得感恩」。

大家聽了她的話都很沒力，誰也不想回應她。在她的想像中，住進安養中心的老人都應該是不幸的弱者，而自己是真心真意地為這些人犧牲奉獻，不惜投入自己所有的時間。這樣的自己真是太棒了！（年輕人此時或許還會加上個愛心符號吧）——儘管她如此希望，但現實中的老人既不是「不幸的人」也不是「弱者」。就算是，那也只是其中的一面罷了。不管怎麼說，像第一章裏出現的岡田雅奶奶那樣的人，幾乎每一個安養中心都找得到。期待像她這樣的老人家「懂得感恩」，或許能在這份工作上持續三天，但絕對撐不了半年。

事實上，A小姐在第四個月時辭去了安養中心的工作，後來也不曾再參加我舉辦的講座了。聽說她自稱要追隨德蕾莎修女的腳步，踏上前往印度的旅程。就我看來，她是想去尋找「更加不幸的人」。尋找那種不會像岡田雅一樣滿嘴抱怨和要求，當然也不會反過來同情照護者的「更加不幸的人」。在那樣的人身邊，她心目中那「自己照顧老人好偉大」的形象就不會被破壞，她對老人與對人類的想像也可以保持得完好無缺。

當然，其實我也沒資格說別人。當初我剛進入老人長照第一線工作時，對老人也曾抱持和她相同的想像。不過，與現實中的老人相遇後，我選擇的不是前往印度以便守護自己內心對老人的想像，而是將自己對老人及人類的想像加以解體。那樣的解體工程非常痛快，解體之後重新建立的人類形象變得更加多樣化，我的視野也變得更寬廣。

「哈哈，反正你走不過來」

森田仁之介爺爺曾住過好幾間醫院和安養院，都被當成「問題老人」而強制出院。社福單位的負責人說「如果能去你們那裏，或許他會安分一點吧……」，就這樣，他住進了我工作的安養院。

的確，這個人真的夠嗆。因為腦中風的緣故，半邊身體麻痺，十幾年來只能躺在床上。當時還是個以為腦中風倒下後絕對不能移動身體的時代，他麻痺的右手就這麼牢牢緊縮了起來。一般來說右腳應該會以伸直的狀態固定，這個人的情況卻是在膝蓋立起來的狀態下倒下，腳也這麼定型了。此外，背部則呈現毫無起伏的平坦，就像墊魚板的木片一樣。

我心想，再怎麼樣的問題老人，既然只能躺在床上無法走動，應該麻煩不到哪裏去吧。沒想到是大錯特錯。首先，他說起話來非常嚇人。才剛住進來就對周遭的職員與室友口出威脅。請大家想像黑道電影中常見的廣島腔狠話吧，大概比那樣再髒個兩三倍左右。那大概是用來代替初次見面的招呼，意思是「別小看老子了」。只要一讓他看不順眼，立刻用還能自由活動的左手抓起床邊的東西，朝對方身上丟。這樣可不行，只好把所有東西移到他伸手可及的範圍之外。不過，端飯菜給他吃時，他又會抓起筷子、湯匙或飯碗亂丟。

丟到沒東西可丟了，他就對靠近身邊的人拳打腳踢。幫他洗澡的時候，我伸出脖子對他說「請把手繞到我的脖子上」，他卻一眨眼就扯下我的眼鏡亂丟。逼不得已，只好壓住他的左手不要亂動，才能好好幫他洗澡，沒想到這回他竟然對我吐口水。

即使沒有像A小姐那樣抱怨「這間安養院的老人不懂感恩」，但不管哪間安養中心總是有和A小姐同一類型的人，遇到森田仁之介這種人也絲毫不露出厭煩的表情，抱持犧牲奉獻的精神照料，但不知為什麼，這種人反而更加引起森田爺爺反感。原來，這類職員偶爾會對他說些「做人最好懂得感恩一點」之類的說教。森田爺爺似乎對這件事非常不高興，開始在洗澡時生氣地用水潑協助他入浴的舍監。問題是當時使用的是能讓行動不便者躺著沐浴的特殊浴缸，他就這麼沉進了水裏。被救上來之後，他一邊翻著白眼一邊還繼續對那個舍監破口大罵。

另一方面，也有花了半年時間逐漸讓他敞開心房的職員，而且是和「A小姐」完全不同類型的人。其中之一就是指導主任。在仁之介朝她丟杯子時，她露出可怕的表情走向他，瞪大眼睛說：「你搞什麼啊！」當仁之介高舉左手想打人，她也會恐嚇說：「想揍就揍啊，有什麼後果我可不敢保證喔。」

不知是否被她的魄力所震懾，就連這樣的仁之介也不由得放下左手，接著湊到我耳邊用我才聽得見的聲音說：「揍女人也不是辦法嘛。」一副不服輸的樣子，令我印象深刻。

另一個是護理師M小姐。她個性隨和，總是喊他「小仁」逗他生氣，不過他一邊生氣，一邊看起來還是很高興的樣子。就連「這個老頭子最麻煩了」這種話也滿不在乎地當著他本人的面說，可是不管是「小仁」還是時常來探望的森田太太都最喜歡這位職員。

話說回來，這位M護理師有時也會做出故意挑釁「小仁」的言行，比方說：「哈哈，反正你走不過來。不甘心的話就過來試試看啊。」之類的。「小仁」氣得脹紅了臉，悲哀的是手邊沒有能拿來丟的東西，吐口水也吐不到她身上。

說起來，用「小仁」稱呼住在安養中心的老人家，甚至嘲諷因為身體障礙而不能走動的老人，都不是一個社福機構職員該有的行為。然而，愈是按照研習時所學的，恭恭敬敬稱他「森田先生」，或是完全不觸及身體障礙的話題，他反而愈不願意對這樣的職員敞開心房。只有在跟指導主任或M護理師吵架時，森田爺爺臉上才會露出親切的笑容。

老人的心房是可以打開的

不可思議的是，當森田爺爺心情平靜下來，開始會笑了之後，和不分青紅皂白破口大罵或暴力相向時不同，他開始出現另一種精神症狀。

某天早晨，我們一來上班就發現，森田爺爺自己按下電動床的按鈕，把床調到了最高的位置。驚人的是，連床上那撐起背部的裝置都升到近乎直角的地方。畢竟他是個背部僵硬得像墊魚板的木片，腰也無法彎下的人，剛住進來時因為無法坐在普通輪椅上，費了好一番工夫才讓他坐在可調整椅背的輪椅上，稍微起身就會大吵大鬧地叫著：「好痛！」

這樣的他竟然願意忍受腰痛，自己把床背調高，確保可以躺在較高的位置，一定是有什麼原因。

「鬧水災了！水都淹到這裏了啊，快來救我！」

這麼說著，左手在肚臍周圍比劃，眼神中流露出恐懼。

後來我才聽說，原來他一生中經歷過兩次水災，只要心裏不安時，當時的記憶就會復甦。不過，那陣子正好是夏天，提供安養中心用水的水井開始枯竭，我們整天都在喊著「水不夠用」、「沒水了」。

聽我們這麼一說，他便大喊：「要水是吧？這裏很多啊，用這裏的水！」結果，換來的是M護理師的大聲叱喝：

「誰要用泡過你小雞雞的髒水啊！」

「這麼說也有道理……」他竟然接受了，看到這一幕，我真不知該說是有趣還是匪夷所思。

一年之中提供幾次這樣的小插曲，漸漸地，森田爺爺不再是「問題老人」。當然，他偶爾還是改不掉口出惡言和吐口水的壞習慣，只是，就像其他老人家一樣，他只是擁有鮮明的個性罷了。正因如此，他也成為讓我們特別放不下的人。

眼見這樣的過程，我心想，「真心」什麼的根本行不通。不，或許應該這麼說，以真正的真心感動對方，不只是嘴上說得漂亮就好的事。

試圖用自己的「真心」改變對方，正是這種「企圖」引起老人家的反感。這種做法只是在指責對方「現在的你不是人類本來該有的樣子，快點活得像個人吧」。下意識地想用自己對人類的價值觀與對老人的想像去誘導對方，把自己的觀念強加在對方身上，這種做法無法令老人敞開心房。

相對地，內心完全不帶這類企圖，換句話說，對於何謂「人類本來該有的樣子」不抱預設幻想，而接受真實的對方，接受那個口出惡言、亂丟東西的森田仁之介，正因如此才會半是認真地對他發怒，和他吵架，嘲諷他或挑釁他。這樣的交流，反而能逐漸形成讓對方有所共鳴的世界。

教科書上的內容，和研習會上那種人格崇高者符合倫理的說教，完全不適用於眼前的世界。即使如此，在我們眼前的卻是一個非常自由的世界，足以將原本強迫自己變成「應該成為的理想自我」的強迫觀念中解放。

某個晴朗的春日，我手邊正好有空。「森田先生。」當時的我畢竟還是個毛頭小子，實在不敢稱他為「小仁」。

「我用擔架帶你到院子裏，一起抽根菸吧？」

「喔，不錯耶。」

這時的他已經不會扯下我的眼鏡了。不過，他還是害怕得用左手勒緊我的脖子，勒得我好痛。就這樣，我把躺著的他移到可以推的擔架車上。

瀨戶內特有的春霧瀰漫整個極樂寺山腹，總是抽「若葉」的他向我討了一根「七星」，用拇指和食指挾著抽，一副非常美味的樣子。這種拿菸的方式，為的是在抽沒有濾嘴的香菸時能盡可能抽到最後，在老人之間很常見。我還看過用牙籤叉著香菸抽的人。

「在外面抽菸風大燒得快，總覺得划不來呢。」森田仁之介笑著這麼說，臉上浮現少年般的表情，完全變成了「小仁」。

4 不洗澡的原因

縈繞不去的異臭

松本蔦乃第一次洗澡，是在她住進安養中心兩天後的星期五。從那天一早就坐立不安，一副很期待樣子的是舍監阿姨岡本小姐。事實上，松本蔦乃奶奶自從因腦中風倒下，在家中臥床不起之後，已整整十六年半，連一次澡都沒洗過。畢竟在她倒下的那個時代，腦中風患者絕對必須躺著靜養是當時的醫學界常識，不但不能讓她坐起來，進浴室洗澡更被認為是「莽撞的舉動」。因此，很多像松本奶奶這樣的人，往往一躺就是十年、十五年，躺到麻痺的手腳都僵硬萎縮，佈滿了體垢。

在松本奶奶還沒住進來之前，我們到她家做家訪，一走入房間便聞到一股獨特的臭味。那是尿液和體垢混在一起的味道，那股異臭雖然不是非常刺鼻，卻莫名縈繞著鼻腔到全身，怎麼也揮散不去。家訪實際上只花了一個多小時，可是搭上車回安養中心後，那股味道依然附著在身上。甚至下班回家後，仍覺得有哪裏散發著異味。就是這麼具有持續性的臭味。我想大概是滲入了身上的衣物纖維與毛髮縫隙了吧，直到洗完澡後，我才好不容易從氣味的記憶中逃脫。

很長一段時間不曾聞到這種味道了。不過最近，我在大都會的中心再次遇見了這種味道。那是在某個早晨的山手線電車內，儘管還不到尖峰時段，電車內也已開始顯得擁擠，卻有一個角落形成無人空間。我一靠近就聞到了那股熟悉的異臭。一個臉上因體垢而泛著黑色油光，看似街友的男人，和三個紙袋一起躺在電車座椅上。車內強烈的暖氣，使得他身上散發的氣味加倍難聞。我想，當時整輛車內為數眾多的人群中，恐怕只有我覺得這種味道「令人懷念」吧。

除垢的樂趣絕不拱手讓人

接下來，輪到那位一聽說即將入住的是十六年半沒洗澡的老人家就雙眼發亮的舍監阿姨，岡本小姐。對她來說，洗掉入居者身上的陳年污垢，就是她身為舍監的價值所在。打從松本蔦乃住進來的日子一決定，她立刻確認首次洗澡的日子是哪一天，檢視當天輪值負責洗澡的職員是誰，接著便去找對方商量了。不用說，當然是商量能否讓她代替對方輪值。幫入居者洗澡，是舍監的工作當中最耗費體力也最辛苦的工作，大家自然樂於和她交換。

松本蔦乃排在當天最後一個洗澡。不管怎麼說，這可是睽違十六年半的入浴，要是讓她先洗，弄髒了熱水，後面的人就不能泡澡了。再說，排最後一個也不用擔心時間的問題。

首先，在可以直接躺進去的特殊浴缸裏放溫水，讓她泡進去，從讓頑固的體垢軟化開始。她本人因為很久沒洗澡了，瞇起眼睛似乎感覺很舒服的樣子。不過，比起她的表情，岡本小姐更在意的是體垢軟化的狀況。根據這位除垢專家的說法，頸部以下因為能完全泡在水裏，就算是陰部也能輕易洗掉污垢。麻煩的是頸部以上，尤其是後腦和耳後，還有額頭上的皺紋夾縫裏的體垢最難洗掉，得多洗個幾次才能完全去除臭味。

岡本舍監使用事先依照不同部分所需剪成不同大小再泡過熱水的濕毛巾，分別蓋在浸泡不到熱水的額頭和耳朵等部位。這稱之為「蒸垢戰術」。

第一步是將腿上的污垢完好無缺地取下。從那下面露出的是被熱水泡得發皺且異常蒼白的皮膚。岡本小姐小心翼翼地將這個「保持腿型」的體垢從熱水中取出來，移到洗臉檯上放好，等著待會拿去給其他職員看。

抹第一遍肥皂時不怎麼起泡。額頭和後腦這些「棘手處」再怎麼擦拭，皮膚上還是會有斑駁的體垢殘留。畢竟是十六年半沒泡過澡的人，讓她泡在浴室裏太久對身體也不好。剩下的污垢只能等第二次、第三次洗澡時再慢慢洗掉了。當然，岡本小姐不可能放過這樣的「樂趣」，第二次和第三次都找人商量調班了，有時甚至還用幫忙值夜來交換呢。

好消息！二戰結束後，連一次澡也沒洗過的男人

以居家老人為對象的洗澡服務，從那幾年之後正式展開。許多五年、十年沒洗過澡的老人家被帶來安養中心洗澡。不過，會考慮來利用洗澡服務的家庭，家屬多半擁有較進步的照護觀念，這些老人家們即使沒進浴室洗澡，家屬也會用毛巾幫忙擦身體或偶爾淋浴，照護狀況多半比較好，令岡本舍監大失所望。

就在此時，我為岡本小姐帶來了一個好消息。竟然有一個從二戰結束後就再也沒洗過澡的男性出現了。

當時，老人保健法剛通過不久，保健護理師們開始對臥床老人進行探視家訪。由於保健護理師們原本只有母子保健或精神保健方面的相關經驗，這還是第一次接觸老人長照領域，因此經常請我同行、給予意見。其中一次探訪的，就是一位從二戰結束後就不曾入浴的老人家，竹野內先生，八十五歲。

他一人獨居的家，三坪大的地方與其說是家，不如說是間小屋。據說是戰後從滿

州回國的他親手蓋的房子。負責這個地區的保健護理師小姐站在屋外出聲招呼，但沒有人回應。拉開拉門走進去才聽見「喔，是妳啊」的聲音。「今天帶預定幫你洗澡的安養中心的人來了喔。」保健護理師這麼介紹我。「喔，進來吧。」儘管老人家這麼說，我們實在不知該從哪裏進去才好，滿地的雜物，根本沒有立足之地。

房裏鋪著從未折疊的墊被與棉被，眼睛稍微習慣屋內的陰暗後，映入眼簾的是彷彿用醬油煮過的床單和枕套。老人家躺在那裏，尿壺放在伸手可及之處，旁邊就是裝有剩飯的碗公。鋪了墊被的空間四周堆滿小山高的塑膠袋，看在我們眼中只覺得是垃圾。房間裏有個小流理台，水龍頭也有水，只是看似已好一陣子沒有使用，裏頭堆滿了附近超市裝食物的保麗龍盤子，這也一樣堆成了一座小山。

這時有人來了，原來是住在同一個社區的長男媳婦。「不好意思，亂七八糟的。」她一邊這麼說著，一邊開始收拾起我們腳邊的「垃圾」。聽說長男和媳婦屢次勸老先生別再住這棟破屋，請他搬去同住，他本人卻怎麼也不答應。別說一起住了，就連看不下去房間如此髒亂而提出打掃的建議，他也完全不讓人動手。

「妳在幹嘛？妳回去啦，不要亂碰我的東西！」被竹野內先生這麼一兇，長男的媳婦不得不推說家裏來了客人，匆忙離去。「等一下再過去拜訪您。」趁保健護理師這麼和長男媳婦寒暄時，我試著和老先生說話：

「中國的空氣乾燥，根本不用洗什麼澡，一年洗個兩次就夠了吧。」

口頭禪是「不洗澡又不會死」

保健護理師今天造訪有兩個目的。第一是老先生在戰爭中被子彈貫穿的腳，到現在還會流膿，必須說服他將傷處好好消毒，並換上新的紗布。不管怎麼說，他只用毛巾纏住腳踝，不斷用髒兮兮的布巾擦拭，再怎麼樣也不去醫院。在這樣的情形下竟然能維持這麼久，實在令人驚訝。當然，他也拒絕醫生上門看診。

另一件事是請他接受洗澡的服務。從第一次造訪，保健護理師就不斷嘗試說服，只可惜他一直堅持「不洗澡又不會死」，始終頑強拒絕。

生活在高溫多濕的日本，幾乎沒有老人家討厭洗澡。因此，拒絕洗澡服務的老人，多半是不好意思麻煩我們，或是不習慣別人協助入浴。如果是這些因素，只要一一說明清楚就行了。然而，竹野內爺爺的原因卻是來自過去長年生活在中國大陸的習慣，說服起來就很困難了。話雖如此，回到日本已經超過三十五年了，他對洗澡這件事還真是無所謂。

那天也沒能順利說服他，換來的只有一次又一次的「不洗澡又不會死」。不過，在回安養中心的路上，保健護理師卻說「事情可能有轉機了」。一問之下才知道，原來那天是竹野內爺爺第一次送客到門口。由於腳踝被子彈貫穿的關係，別說步行，連站起來都有困難的他，卻勉強自己從棉被中起身，跪爬到門口送我們離開。

不愧是保健護理師，直覺相當敏銳，後來竹野內果然答應接受洗澡服務。幾天後，為了替換腳上的紗布而造訪的保健護理師在離開時隨口說了一句「安養中心的人在等你喔」，爺爺終於鬆口說「既然人家在等，那就去試試看吧」。雖然在電話裏保健護理師是說「照護者親自上門拜訪果然很有幫助呢」，但是怎麼看都是因為她和竹野內爺爺建立了信賴關係才有的成果吧。

「岡本小姐、岡本小姐，有個戰後至今沒洗過澡的人，下週三要來接受洗澡服務了喔！」我立刻報告。「真的嗎？這可真不得了！」岡本舍監這麼說。好久沒發揮專長的她，立刻和當天值班的人商量換班的事。

不料，岡本小姐的期待還是落空了。竹野內爺爺終究沒有來接受洗澡服務。在預定來洗澡的前一天，保健護理師前往竹野內爺爺家做準備。除了準備內衣，還得準備穿出門的外衣。雖說是來洗澡，老人家畢竟已經好幾年沒外出了，總得穿上適合外出的服裝才行。這些事，原本應該由住在隔壁的兒子和媳婦做，偏偏老先生連讓媳婦進屋都不願意，無可奈何之下，只好請保健護理師去幫忙。這次的造訪，也事先徵求了兒子和媳婦的同意。

聽說就在準備時，竹野內爺爺忽然問了一句：「洗澡的費用是多少？」一時之間，保健護理師以為他是擔心錢的事。也難怪她會這麼想，爺爺領的年金少得可憐，光是每天用來吃飯就花光了，這事她也很清楚。

「啊，這個不用擔心，是免費的。」

這麼一回答，爺爺立刻板起臉來說：「那我不去了。」聲音雖小，卻透露出不容反駁的意志。

保健護理師心想，糟了，原來他擔心的不是錢的問題，對他來說更重要的，是不想被人「施捨」免費洗澡的服務。

從此之後，無論怎麼勸說都沒用，竹野內爺爺不聽就是不聽。預定洗澡的當天早上，保健護理師打電話告訴我們事情的始末，我提出「不如我去接他，再說服一次試試看吧」的建議，保健護理師卻說「再提這件事只會讓他拒絕的態度更堅決……」說的也有道理。她嘆了口氣說：「要是當時我能回答『要啊，洗澡的費用是一千元』，讓他好好付錢當個『消費者』，他就會大大方方地接受服務了吧。只要事後把一千元好好還給他的家人就行了啊……」

遺憾的是，那之後竹野內先生還是沒有答應洗澡。我們原先的想法錯了，他拒絕洗澡服務的原因並不是長年生活在中國的習慣所致，這點雖然也有影響，但更重要的原因，我們卻沒能察覺。

的確，「人不洗澡也不會死」，但是，失去自尊卻會教人活不下去。

第二篇

照護的發現是個必然

——從醫療到照護

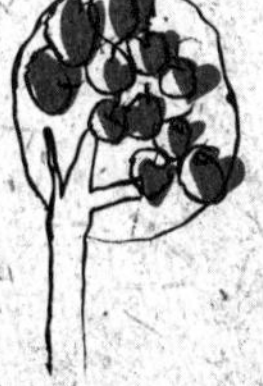

5 松平奶奶的住院檢查

從醫院來的老人家，總是特別沒精神

我進入特別照護老人安養中心工作，是一九七四年，二十四歲時的事。當時住進安養中心的老人家全都生於明治年間。到了第三年，才第一次有大正年間出生的女性入住。還記得當時，職員們都在說「時代改變了呢」。

時代確實不斷在改變。從那段時間起，前面提到的松本奶奶或竹野內爺爺那樣長久未曾入浴的人已變得罕見。當然，岡本舍監也失去了一個生存價值。

可以舉出的原因有，大半安養中心都開始展開為居家老人洗澡的服務。此外，急救醫療體系普及全國，因腦中風而倒下的人多半能被送到醫院，這也是原因之一。換句話說，中風的人從倒下的那一刻開始就臥病在家的案例愈來愈少。取而代之的是，增加了不少在醫院裏長期臥床不起的老人家。

住進特別照護老人安養中心的人當中，從家裏搬來的人也愈來愈少，幾乎都是從醫院轉過來的人。

雖然大部分從醫院轉過來的入居者，在住院時並沒有人能協助他們入浴，多半只能躺在病床上接受擦拭清潔，即使如此，身上也不會累積厚厚的體垢。

但是，就算沒有體垢，還是有令人擔心的地方。總覺得他們看起來無精打采，很沒精神。從家裏搬來的人，大多是性格強烈鮮明的人，比方說前面介紹過的森田仁之介爺爺。可是，來自醫院的人卻有一種說不出的安分，說得難聽一點，就像已經習慣被豢養的動物一般。他們總給我這種感覺。

若論身體障礙的程度，從家裏搬來的人多半手腳僵硬萎縮，或是長了褥瘡，相較之下，從醫院轉來的老人家，症狀反而比較輕微。然而，說得誇張一點，他們給我的感覺是不像活著的人，從他們身上感受不到想活下去的意願。不用說，他們全部都包著尿布，不只感覺不到尿意，似乎連察覺尿布被尿沾濕的皮膚感覺都消失了。

問題是，在這之前他們住的地方可是醫院啊。醫院有醫生，有許多醫療及看護方面的專家，是現代化的醫療場所，連在那種地方都只能治療到這種程度，一定有什麼不得不然的原因吧。我會這麼想也很正常，因為相較之下，我們這些老人安養中心的職員，大部分都是不具醫療專業的外行人，若是期待老人家的身體在這裏能恢復得更好，那未免也太難了吧。我當時是這麼想的。

沒想到，某天因為一件事而改變了我的這種想法。

因為病床的高度而被包上尿布

松平梅奶奶八十一歲，因為膝蓋不好而住進老人安養中心，狀況好的時候可以自行打理所有日常生活細節，還會創作和歌，是一位有學識的老太太。沒想到，她被醫生診斷出「身體裏有個炸彈」，說是心臟方面的毛病，什麼時候發病停止心跳都不意外。因此在醫生「最好去醫院詳細檢查一次」的建議下，她決定到附近的綜合醫院好好好檢查一下。

負責陪她去住院的人是我。不過，她畢竟是個出門時把拐杖忘在某處也能好好走回來的硬朗老人，住院也只要一個星期，身體也沒有哪裏不舒服，所以我們的心情都很輕鬆。將盥洗用具和換洗衣物裝在紙箱內，我開著自己的車子，讓松平奶奶坐在副駕駛座，一同前往醫院。「這是您的床。」護士小姐這麼說著，帶我們走到四人房的一角。此時，醫院的病床高度令我有些擔心。和平常在安養中心使用的病床相比，這裏的病床距離地板的高度高了二十公分左右。可是，一方面松平奶奶身體還算硬朗，一方面住院期間也短，對於好不容易騰出病床給我們的醫院實在不好太麻煩他們，於是我什麼也沒說，就這麼離開了。

當天晚上，想上廁所的松平奶奶從床邊跌到地上，動彈不得。同房的病患按下護士鈴，跟趕來的護士一起將她抱回床上。

儘管白天時心裏記得床的高度不同的事，夜裏下床時，放下的兩隻腳還是習慣性地以安養中心的病床高度為準。沒想到這裏的床太高，腳搆不到地，就這麼一屁股跌坐到地上了。

幸好既沒有骨折也沒有挫傷，只是為了避免同樣的事再度發生，松平奶奶的床邊被加裝了兩道床欄，還被醫院禁止下床。當然也不能自己去上廁所，無奈地被包上了尿布。這間醫院只能選擇兩種排泄方式，不是自己走去上廁所，就是得包尿布。我想說至少可以把簡易馬桶放在床邊吧，護理長卻說「那樣太髒了，不行」，否決了這個提議。可是，包尿布對老人來說更不乾淨，真不知道所謂乾淨或骯髒的基準是由誰決定的。

來接她的是印了地球標誌的輪椅搬運車

一星期後，到了去接松平奶奶回來的日子。所有必須檢查的項目都檢查完了，雖然檢查報告還沒出爐，但也沒必要繼續住院了。可是，和入院的時候不一樣，不能開我自己的車去接她，而是改開「二十四小時電視」這個節目送的輪椅搬運車。這個以「用愛拯救地球」為口號的電視慈善節目，第一次播出時的慈善募款金額遠遠超乎預期，於是用捐款買了這種搬運車送給提出申請的設施與團體。對方特地寄了申請用紙來，上面還有給節目的回函意見欄。我還記得當時我寫了這麼一段話寄回去：

「行善本該默默不為人知，做得太引人注目似乎不是一件好事。再者，承蒙贈車雖然非常感激，車上畫著象徵節目的地球標誌和節目名稱，不禁讓人感到是在宣傳貴節目的善行，令人感覺不妥。」

後來，我收到負責人的回信，表示在車上繪製標誌是為了防止有人收到贈車之後立刻轉手賣掉。然而，我倒覺得很能理解想立刻轉手賣掉這輛車的心情。這輛車相當耗油，每公升只能跑三到四公里。比起體積這麼大的車，現在只要一千CC左右的小車就很夠用了，不但能開進窄巷或玄關前，使用起來各方面都方便多了。

用裝在這輛車後方的昇降機，將坐在輪椅上的松平奶奶抬上車，再用固定器固定住輪椅的輪子。在開回安養中心的路上，我不斷透過照後鏡窺看她的狀況，擔心得不得了。因為這位知性又硬朗的松平奶奶，竟然變得眼神空洞，面無表情。雖然好像還認得出我，但對她說明現在就要回安養中心時，她卻似乎不太明白我的意思。由於擔心她在顛簸的車上從輪椅起身，不安的我一邊將車開上通往安養中心的斜坡，一邊不知從照後鏡看了她多少次。

第一線外行人集團就此看開了

只住院一星期的松平奶奶，如今有這麼大的變化，令職員們驚訝又難過。舍監阿姨問她「尿布濕了嗎？」，松平奶奶卻一副心不在焉的樣子。打開尿布一看，早就濕透了。「為什麼連自己尿布濕了都不知道呢，妳不是最討厭包尿布，就連感冒發燒的時候都堅持自己去上廁所的嗎？」年長的舍監大林阿姨難過得都快哭了。

前面也曾提到，從醫院轉到安養中心的老人通常包著尿布，我一直以為那是無可奈何的事。因為聽說其中有些人罹患了「神經性膀胱功能障礙」這種聽起來就很複雜的病，我還以為包尿布的老人都是因為生病的緣故。

然而，松平奶奶根本沒生病。她只不過是因為病床太高，被禁止自己去上廁所，只得包上了尿布。原因出在不充分的照護狀態，或者該說是無人照護的關係，逼得她陷入無法分辨尿意，連尿在尿布上了都不知道的狀態。這完全不是什麼「神經性膀胱功能障礙」，原因不是出在「神經」，而是「不貼心的照護」。從此之後，我開始認為老人包尿布的原因應該說是「照護缺乏導致膀胱障礙」才對。如果原因出在神經系統的毛病，我們外行人也就束手無策。可是，如果原因出於照護上的不足，我們的存在反而正能幫助老人家們找回尿意和皮膚的感覺，讓那雙空洞無神的眼睛重新恢復神采。

首先，我們將醫院不准使用的簡易馬桶放在松平奶奶床邊。如此一來，只要打開尿布檢查時沒有尿濕，就可以協助她自行坐在簡易馬桶上排尿。不過，實際需要用到簡易馬桶的日子只有兩天，松平奶奶很快就說要自己走去上廁所了。值得慶幸的是，她只被關在醫院一星期，腿部的肌力還沒有衰退，雖然必須抓著扶手慢慢走，但已經能自行在床與廁所之間往返了。

一旦發現能自己上廁所，她立刻恢復了尿意。真是教人難以置信！花了一星期的時間，眼睛重新出現神采，原本的松平奶奶終於回來了。原來如此，在一星期之間變差的身體狀況，得同樣花上一星期才會恢復。這麼說來，前者一個月，後者就是一個月，前者一年、五年，後者就是一年、五年，花費相同時間，需要做的只是理所當然的照護。當然，還是會有些不可逆的變化，想必也有完全無法恢復的案例。然而，既然原本就不行了，嘗試看看也沒有壞處啊。

於是，我們這群在照護現場的外行人開始看開了。醫院能治療我們這些外行人無法治療的疾病，也能救人一命。可是，如果只是救回性命，那也只是「生物」狀態罷了。醫院沒辦法讓「生物」變回「人類」，重新擁有眼睛裏的神采和對身體的自主性。不，應該說，醫院很可能會造成妨礙。我們無法救助人命，但是，我們或許可以讓「只是活著的人」或「不想再活下去的人」重拾笑容。這不就是我們一直以來在做的事嗎？

如今，老人長照第一線的需求是什麼，退一步說，高齡社會需要的是什麼，答案似乎不在醫院這個地方。換句話說，從醫療與醫護的專家們身上找不到答案。我認為，老人安養中心的我們雖然不知道該怎麼做才對，但是正因為我們傾聽老人家的聲音，觀察老人家的表情，在錯誤中嘗試學習與進步，所以答案反而可以在這裏找到。即使我們只是一群外行人。

照護就在日常體驗中

難怪至今讀了許多書，參加了不少研習會，從來都沒有醍醐灌頂的感覺，換句話說，從來都沒有學到一件真的在第一線派得上用場的事。

照護不在專家寫的書裏，而是存在於我們日常真實的體驗中。這樣的體驗，才是真正應該展現出來，與人分享的東西。

所謂的照護，在於如何讓那個「口出惡言、暴力相向」的森田爺爺收斂脾氣，性情穩定下來。原因是什麼？從書本中找不到任何說明。倒不如說，書中有的全都是與指導主任及M護理師的做法背道而馳的事。

所謂的照護，在於為什麼竹野內爺爺始終不願意洗澡。又或者，為什麼本書開頭出場的「永遠的大小姐」岡田雅的個性始終無法改變。照護的真義就在這裏面。這裏的「不改變」是很重要的重點。為什麼這麼說呢？當專家勉強「矯正」老人們不願意改變的性情、行動或生活習慣時，反而讓老人的狀況變得更糟，這種案例的數量是壓倒性的多。

此時，我腦海中浮現幾年來見過的幾位從醫院轉來我們安養中心的老人面孔。那位爺爺或是奶奶後來都像變了個人似的充滿活力，絕對不是出於偶然。

6 南丁格爾切下了床腳

我們能做什麼

池田松子奶奶八十八歲。她因為大腿股骨頸骨折（大腿根部骨折）而住院，轉院到老人醫院後，再經轉介到我工作的老人安養中心。

在她入居前，我們曾到醫院探訪過一次，當時的情景至今難忘。侷促的病房中是一整排的病床，床邊各自放著點滴架，床上老人的手一律被綁了起來。我們靠著枕邊的名牌找到了池田松子奶奶，對著雙手綁起、緊閉雙眼躺在床上的她一喊，她便超乎我們想像的大聲答「是」。接著自言自語地說：「我是池田松子。」

指導主任向她說明關於住進安養中心的事，也不知道她有沒有聽懂，只是不斷重複「是」。入住前造訪的目的之一是確認當事人的意願，然而，眼前的情況根本無法判斷她想不想住進安養中心。可是，無論是指導主任、我或舍監長，三人的心思都一樣。顧不得她本人的意願了，非得把她從這裏帶出去不可，而且連一天都不能拖。不過，我們很快就發現，周圍躺滿了跟池田奶奶同樣遭遇的人，其中一位從剛才就一直喊著「請過來一下」。我靠近問「怎麼了嗎？」對方便埋怨道：「我的手動不了，抓不到頭。」我能為他做什麼呢？我們只能像逃離似的離開這間醫院。

住在這間醫院裏的人，和我們安養中心裏的老人家沒有哪裏不同。如果大家都能住進安養中心，不但不會被綁住手，其中有好幾位一定能恢復活力吧。可是，目前我們能做的，只是接走社福單位委託（他們說這叫「處置」）的池田奶奶。

池田奶奶重拾生命力的原因

住進安養中心的池田奶奶，可能是因為環境改變的關係，連續兩個晚上都躁動不安，到第三天傍晚才終於鎮定下來，進步到可以不穿尿布，自己使用床邊的簡易馬桶了。不用說，當然沒有服用任何藥物，也沒有做任何加強腿部肌力的訓練。我們所做的，只是配合她小腿的長度調整床的高度罷了。以明治年間出生的人來說，池田奶奶的個子算是比較高大，小腿——正確來說應該是膝關節以下的長度約有三十八公分。不過，由於她在醫院被強制臥床了三個月，腿部肌肉完全沒有使用，為了配合減少的腿部肌力，床的高度設定為比小腿長度稍長的四十五公分。這就是池田奶奶的床的高度，大概只比一般椅子高一點。雖然醫院裏大部分的病床都能調節高度，但就算是最矮的床，對老人家而言還是太高。而我們這裏則會用切管鉗把床腳截斷。或者，把厚床墊換成薄的，甚至換成墊被，都能讓床的高度降低不少。

以池田奶奶的狀況來說，在醫院時從地板到床墊的高度太高，使她無法把腳放到地上。雖然沒有實際測量，不過那張床應該有七十五公分高吧。別說把腳放到地上了，躺在這麼高的床上根本不敢下床吧。

話雖如此，床的高度如果太低，老人家又會站不起來，所以必須依照每位老人家小腿的長度和肌力來決定床的高度。

當然，這些事該怎麼做，在任何書中都找不到。我們所能做的就是實際請每一位老人家從床邊站起來，一邊問他們「會不會因為高度太低而不好使力」或「會不會怕太高」，一邊截斷床腳或在床腳下墊木片，調整每一張床的高度。確實，也有些老人家肌力會隨老化不斷衰退，這時就要配合著再次改變床的高度。我從來沒想到這就是「照護工作」，過去一直認為「照護工作」是受過更專業教育的人，像在專門書中寫的那樣進行的工作。然而實際情形又是如何呢？在專家雲集的醫院中，老人們被強制包上尿布。相較之下，安養中心所做的不過是配合每個人改變床的高度，卻能讓其中一些老人家重拾生命力，池田奶奶就是其中一個例子。

「按了護士鈴也沒半個人來，尿尿沒尿好就被罵得好慘，然後硬要我包尿布。尿布很不舒服，伸手想脫掉，手就被綁起來了，真是難堪……」

狀況穩定下來後，池田奶奶把她在老人醫院裏的體驗告訴我們。附帶一提，對於入居前我們三人去醫院探訪的事，她一點也不記得了。

插著鼻胃管吃香蕉

讓老人狀況變糟的，並非只有評價不好的老人醫院。即使是追求高度醫療的地區型專業醫院也一樣。

山內節爺爺就是從那樣的醫院轉過來我們安養中心的。一般來說，那種醫院頂多只允許病患住幾個月，等急性症狀緩解之後就會強制出院。不過，有時出院了也無法立刻搬進特別照護老人安養中心，這種時候就會先轉送老人醫院，排隊等待搬入安養中心。前面提到的池田奶奶當時就是這樣。不過，山內爺爺的兒子似乎是有頭有臉的政治人物，靠關係延長了他的住院期限，所以他才會直接從那種醫院轉進安養中心。我猜，連住進安養中心的事可能都是靠關係安插的。既然能打通醫院的關節，一定也有辦法關說社福單位吧。

山內爺爺插著鼻胃管。「他無法靠嘴巴攝食，只能用鼻胃管灌食。要是拔掉這個他就會死。」將白色護士服穿得英姿煥發的醫院護理長這麼說。

「原本需要抑制他的手，三星期前開始也沒有這個必要了。」

護理長口中的「抑制」，其實就是捆綁。雖然護理長說的是沒有必要抑制，看在我眼裏，只覺得山內爺爺是衰弱得連動手拔掉鼻胃管的力氣都沒了。

我在腦中盤算著，被插上鼻胃管綁起雙手的時間是三個月，失去拔掉鼻胃管的力氣已經三個星期。倒算回來，要讓他重新湧現力氣需要三個星期，再努力三個月就能讓他好好用自己的嘴巴吃東西了。

沒想到，事情的發展大大出乎我的預料。才不過十天，他已經開始自己用嘴巴吃東西了。那時正值夏天，我為了給老人家們補充水分而四處巡房，用當時還是手動式的旋轉把手，幫其中一位老太太把床背立起來，倒了一杯麥茶，再從櫃子上拿了屬於她的一根香蕉，一起遞給她。老太太病床的正對面就是山內爺爺，雖然他只能用鼻胃管灌食，沒有點心可吃，我還是想讓他坐起來，就照樣轉動旋轉把手立起他的床背。

不料，坐起來的山內爺爺緊緊盯著眼前的老太太看。不，正確來說他看的是人家手中的香蕉。這時，上次說的M護理師正好走進房間協助我，看到山內爺爺便說了句：「哎呀，看起來一副很想吃的樣子嘛。」話才說完，就和老太太商量了起來。

「借我一根香蕉好嗎？下次外出購物時再買回來還妳。」說著，從櫃子上拔下一根香蕉，剝了一半的皮，放到山內爺爺手中。

結果，山內爺爺竟然自己吃掉了整根香蕉。鼻胃管都還插在喉嚨裏！很快地，鼻胃管就被拔了下來。要是插著鼻胃管都能吃的話，不插鼻胃管也一定能吃啊。

「如果不能吃的話會咳出來的，看來這是吞嚥反射，表示他是能吃的喔。」M護理師這麼說。不過，明明同為護理師，那位護理長卻說「拔掉鼻胃管他就會死」……

「在醫院『一副很想吃的表情』大概無法做為依據吧。不過，比起專業的檢查，用表情來判斷其實更準。」

「醫院」缺乏對老年人的適應力

自從松平梅奶奶的住院檢查事件之後，對於從醫院轉來的老人家，我的看法也有了改變。即使是被說無法分辨尿意與便意而包上尿布的老人，我也會開始思考他們可能是在缺乏照護的狀況下被迫包上尿布，結果才會喪失尿意與便意。

即使是被說無法自行攝食而插入鼻胃管的老人，我也會開始思考他們或許不是無法進食，而是不想進食。與身體狀況無關，是醫院這個環境使他們無論如何都提不起食慾。

當然，並不是所有醫院都會使老人的狀況變糟。若是以為只要住進任何一間老人安養中心都能讓老人恢復活力，那也未免太誇張。

我就曾好幾次聽見某間醫院的醫生與護理師感嘆地說：「老人家才剛轉進附近的特別照護安養中心沒多久，馬上就臥床不起了，真不知道先前在醫院治療有什麼意義。」照護缺乏的現象並不只限於醫院，在安養中心一樣會發生。

即使如此，我還是認為醫院該想想改善的辦法。醫療專家的高齡者案例報告中經常可見「高齡者缺乏適應力」的說法，其實缺乏適應力的應該是醫院才對吧。醫院才真的缺乏對老年人的適應力，難道不是嗎？

對於醫生我並不強求。常有人說「醫生不該只看病，也該看人」，但我認為這是無理的要求。只要把醫生想成治療疾病的專家就好，做不到這一點的醫生固然令人困擾，但也不必要求得更高。當然，如果能遇到做得比單純醫病更多的醫生就算賺到了。

可是護理師不同。護理師怎麼會變成了這樣呢？這個念頭在我讀過南丁格爾的著作後更加強烈。

「此外，無論如何病床的高度都不能高過沙發。」

在南丁格爾最有名的著作《護理筆記》中發現這段話時，我真的非常驚訝。包括準護理師在內，這是所有護理師在護校中都該閱讀過的一本書，為什麼醫院的病床還是那麼高！南丁格爾是西洋人，西洋人的沙發比較大，椅墊的高度對我們來說可能高一點，即使如此，距離地面頂多也只有五十公分吧。

我不會像南丁格爾一樣說「無論如何」。但是，至少已經脫離緊急時期、恢復意識，可以自己下床走去上廁所或使用簡易馬桶的老人家，就不該讓他們睡在比沙發還高的床上吧。

連這點都做不到的護理師，真的是「相較於一天只需要上床下床一次的自己，病人一整天都生活在病床上，她們卻從未想過為什麼自己必須二十四小時頻繁地協助病人上下床」（出處同上）。

繼承南丁格爾精神的人

南丁格爾還有另一本書叫做《醫院筆記》。開頭是這麼寫的：「醫院必備的第一要件是，不能做出對病人有害的事。」為什麼這麼說呢？南丁格爾接著寫道：「許多疾病，而且是致命的疾病成因，往往是在醫院內部造成的。」

她大膽地將此命名為「醫院病」。雖然南丁格爾的時代對感染症的知識還很貧乏，但她提出的絕非那個時代獨有的問題。反而可以說，南丁格爾預見了現代老人在醫院中容易遇到的狀況。

護理師總是把「南丁格爾精神」掛在嘴上，如果真的具備南丁格爾精神，首先最應該做的難道不是截短醫院病床的床腳嗎？只要這麼做，松平奶奶住院檢查時就不用被強迫包尿布，池田奶奶也不會被包上尿布後還被綁起雙手。此外，南丁格爾的書中還一再強調，觀察不同病患的需求與個別的特性有多重要。如果護理師們真的繼承了一點南丁格爾這樣的思想，就不會沒注意到山內爺爺「一副很想吃的表情」，更不會因為他不肯吃東西就輕易為他插上鼻胃管。

讀了南丁格爾的書，默背了「南丁格爾誓詞」的人們，卻不具有南丁格爾的精神。就算沒有讀過南丁格爾的著作，但確實實踐與南丁格爾相同做法的人，才真的是南丁格爾精神的繼承者。

對啊，截短床腳的我們才真正繼承了南丁格爾的精神。那時，我再一次地看開了。

7 從下往上看，世界看得更清楚

在這裏，我們將老人的遺憾銘記在心

由下往上看這個世界，會看得更清楚。至少可以看到從上面或旁邊看不到的東西。這是因為人們對上習慣拿出最好的一面，對下則毫無警戒，下意識地流露出真正的一面，吐露真正的心聲。

有一家企業號稱在流通業界掀起革命，業績也一直不斷成長。但是，卻有人斬釘截鐵地說「那家公司也快不行了」。說這話的人是該企業的一家供應商，據他所說，該企業負責採購的窗口公然要求回扣和免費招待等賄賂，業者向那名窗口的上司反映，對方只是默默地換掉窗口（而且是以升職的形式），新來的窗口雖然稍有收斂，還是和原本的窗口做出一樣的事。

儘管覺得不可能，那家企業最近真的出現了嚴重虧損，宣布即將收掉多家分店的消息。別說「在流通業界掀起革命」了，這種忠於流通業界陳腐體質，一再重蹈覆轍的狀況，恐怕創辦人根本渾然不知。

想知道一家企業是好是壞，該看的不只是社長闡揚的理念，更應該傾聽那家企業的外包廠商或供應商說些什麼。

其實，特別照護老人安養中心正位於醫療、保健與社福界的「最下層」。不，就算在整個社會裏也是位於「下層」吧。因此，從這裏可以清楚看到社會的真面目，也可以清楚聽見社會真正的心聲。站在這裏，就能一次看清醫療、保健與社福三個領域的真相。

我們從許多老人照護經驗中自然會知道哪間醫院很糟，哪間醫院還可以。拿到預定入居者的資料時，如果上面寫著「目前正住在〇〇醫院」，職員們彼此就會心照不宣地說「哎呀，又要附贈褥瘡做伴手禮啦」。結果，來的果然是個長著大褥瘡，尿布上罩著帆布做的防水套，雙眼了無生氣的老人家。

不只老人醫院如此，經常有名人住院的顯赫醫院一樣會送來長滿褥瘡的老人。院長忙於四處公開演講的著名醫院的情況也差不多。那家醫院的院長每逢選舉必定出馬，打著「○○區進步會」的旗號競選。我們看了總是說：「在帶領○○區進步之前，真希望他先把自己的醫院管理好呢。」所以，他每選必敗也是天經地義的事。只不過，院長先生周圍都是對他畢恭畢敬的人，這些壞評自然傳不到當事人耳中。這麼一來，院長從來不明白自己落選的原因，學不會教訓，依然一次又一次地出馬競選。原因就在於，他只會由上往下看，看不到下面真實的狀況。

在特別照護老人安養院裏的照護工作者，沒有執照也沒有什麼身分地位。然而，從這裏看出去，世間大多數的權威人士都像是「國王的新衣」中的國王，正如前面所說，我們很清楚，大部分的醫生只是領高薪的技術人員而已。就連在世間被視為「下層」的護理人員，從我們眼中，也是擁有執照的權威人士。這樣的權威轉眼就會變成「權力」，無論照護人員提出什麼意見，他們馬上就會說「沒有執照的人說話還這麼大聲」。

過去，日本護理協會曾經在護理宣導月提出大言不慚又不經大腦的標語：「護理人員的心是大家的心。」對於這件事我也曾在書中評論過：「要是大家都像他們那樣滿不在乎地把別人的手綁起來就可怕了。」（《開給專業笨蛋的藥》，筒井書房）。站在照護人員的立場，大部分的護理師都不是什麼白衣天使，只是「滿不在乎地把老人綁起來的人」。

或許有人會說，這是照護方對護理方的偏見，算不上是客觀的評價。可是，我不認為離開每天面對老人的立場之後能做出什麼客觀的評價。我們所做出的評價，依據的是被包上尿布的池田松子，是被插上鼻胃管的山內節，是這些老人家臉上的表情。我們絕對不能離開這個立場，唯有根據照護老人時的所見所聞對世間做出評斷，才能為那些遭受不當對待的老人家討回公道。唯有持續帶著「偏見」，那些被綁起雙手導致身體狀況惡化的老人們留下的遺憾，才不會被遺忘。

從臥床不起到能夠走動？

不過到了現代，總算開始了解躺著靜養只會讓老人更加衰退的道理了。當然，認為腦中風病患絕對不能移動，只能躺著靜養的時代已經過去了，如今已經改為大力提倡復健的必要性。可是，說到復健，除了需要能容納許多訓練器材的復健訓練室，也必須聘請專業的ＰＴ（物理治療師，Physiotherapist）與ＯＴ（職能治療師，Occupational Therapist）。附帶一提，物理治療以透過鍛鍊恢復身體機能為目標，職能治療則是透過手工藝、手工作業等方式。可是，培養ＰＴ與ＯＴ的學校還不多，除了職業傷害醫院及地區型專科醫院之外，其他地方很難確保有這樣的人才。

於是，許多醫院將護理師送去職業傷害醫院研習，回到醫院後便執行ＰＴ與ＯＴ的工作。我總是不以為然地想，這到底是在做什麼？除了模仿ＰＴ和ＯＴ之外，護理人員還有很多事該做吧？為什麼不去把病床的床腳截短呢？不需接受專業訓練，只要把病床調矮一點，醫院裏有好多老人家就能自己下床站立，也不用再包尿布了。只要護理人員做好護理人員本分內的工作，根本就不必去取代PT和OT。這就是我從「下面」看上去的感想。

當時，復健被形容成像是一切的希望。好像只要做復健，腦中風造成的手腳麻痺就會痊癒，只要有PT和OT，臥床不起的老人馬上就能開始走動似的。然而，從「下面」看上去，這一切只是「國王的新衣」而已。

首先，住進老人安養中心的大部分老人都不被視為復健對象，他們就這麼直接出院，被送到安養中心入住。就算是腦中風倒下的人，能接受復健的也只有年輕的病患，高齡者並不被納入復健對象。畢竟，就連打著「老人」招牌的復健專業書籍裏，都將「高齡」視為「阻礙復健的要素」。換句話說，大概只有年輕積極，家屬也期盼早日康復的病患才有資格做復健。不在這個範圍內的，比方說高齡者或沒有家屬陪伴者，別說主動展現接受復健的意願，甚至早就喪失了求生意志。這樣的人，被認為無法應用復健訓練。

就我看來，這樣的人才更應該接受復健訓練。可是，某大醫院的專業復健科醫師曾說：「以那種人為復健訓練對象的話，會拉低治癒率。」或許他的腦中只有自己要在學會上發表的數據，眼前的病患只不過是利用的工具罷了。而老人對他而言，連工具都稱不上。

「復健？才不要，已經被整得夠慘了」

幾年過後，老人才終於開始被納為復健對象。這並不是出於PT和OT的自我反省，只是因為從事PT和OT的人數增加了，像從前那樣只幫年輕又積極的病患復健的做法已經行不通了。

然而，他們還是不懂老人。這也難怪，畢竟他們只是復健專家，並非老人專家。所以，他們只會把老人推入既有的復健模式。把這一套用在個性鮮明又頑固的老人家身上，自然不會成功。於是就不斷產生罵老人的PT、強迫討厭復健的老人做各種訓練的PT、心想反正不會成功就敷衍了事的OT……等等。完全暴露出復健做為一門專業是如何地缺乏對老年人的適應力。

這些事，只要聽住進安養中心的老人分享復健經驗，就能明白。

「咦？復健？才不要，在醫院裏已經被整得夠慘了。以為安養中心不用復健才放心住進來，怎麼連這裏也要做？」一位七十二歲的腦中風男性這麼說。

「年輕人進步得很快，走得愈來愈好，像我這種老人就沒辦法啦。結果那不知道是PT還是PTA的……我搞不清楚啦，總之那少年仔把我臭罵了一頓，真是丟臉，太丟臉了。」說這話的是八十八歲，大腿股骨頸骨折的老奶奶。

「被帶去做復健，叫我坐在輪椅上等了差不多一小時，然後才花十分鐘幫我動動手腳，然後又等了三十分鐘，就被送回房間了，就這樣。」這是八十歲腦中風女性的體驗。

以前是為了不讓老人亂動而綁起手腳，強制靜養。知道這種做法錯誤之後，取而代之的復健訓練卻又不分青紅皂白地強迫老人運動。唉，我嘆著氣想，無論是強制躺平靜養，還是強迫復健，都只是硬要老人配合他們的專業啊。老人的主體性從來沒有浮上檯面。

因此，就算遇到再有良心的PT或OT，就算老人本身再有毅力接受復健訓練，那些訓練效果對他們來說，幾乎沒有任何實用性。即使醫院提供的老人資料上寫著

「可自理一切日常生活動作」，實際入住的老人家就連用餐也需要人在一旁協助，這種案例一點也不稀奇，更別說排泄和洗澡了。

我猜，他們一定曾在醫院復健訓練室一角的「ADL」（日常生活活動，activity of daily living）專區，按照PT或OT的命令做出用餐或排泄的動作吧。儘管醫院方面據此做出「可自理」的評價，一個口令一個動作和發自內心採取的行動其實有著天壤之別。當老人住進安養中心或回到家庭之後，復健訓練的機能根本無法發揮。

踏上抄捷徑之旅

護理人員和復健人員的專業並沒有將「年老」這件事好好內化，缺乏對「年老」的適應力，關於這件事，我們長照人員可不是在第一線或居酒屋抱怨一下就算了。只要一有機會，我們就會提出異議。然而，醫師就不用說了，連護理師和PT及OT都沒有把我們說的放在心上，表現出不當一回事的態度。

松平梅奶奶住院檢查那次，醫院的護理長在我們客氣地提出要求「至少讓她使用簡易馬桶⋯⋯」時，板著臉二話不說地以「太髒了不行」拒絕。在復健相關的研習會上提出這個問題時，專業人士也擺出一副「你們外行人懂什麼」的嘴臉，給的都是不成答案的答案。

與其說不信任專家，不如說已經對專家失去耐性的我，竟然決定進入培訓PT的學校就讀。其實我是比較擅長文科的人，再加上身為獨子，從小就不太喜歡與人有身體接觸，做夢都沒想過自己會從事PT這種工作，可見人生會發生什麼事，真的是難以預料。

經常有人問我，為什麼到了二十八歲才想再次回到學校。因為在老人長照的第一線工作，發現太多復健相關人員不懂老人，讓我義憤填膺，下定決心自己也要取得復健執照，為老人努力——我很想這麼帥氣回答，可是事實並非如此。

在特別照護老人安養中心工作了四年半，對我來說自然是職涯中破紀錄做得最久的一份工作。可是，當時我真正的心情是想暫時停下腳步。老實說，私人生活中出現了讓我難以繼續工作的情況，使我考慮暫時轉換身分，當個三年的學生吧。不一定是PT或OT相關課程，任何學校都好。

不過，前面也提過我只有高中輟學的學歷。即使只是想讀個專門學校，應考時還是需要高中畢業以上的學歷，因此必須先去考文部省（譯注：相當於台灣的教育部）舉辦的大學入學資格檢定測驗，通過俗稱的「大檢」才行。現在這個時代，已經有許多拒絕上學的孩子接受大檢後再參加大學入學測驗，甚至還有相關的補習班可以選擇，在當時卻是個沒什麼人知道的升學捷徑。

若問我為什麼高中輟學，說起來又是一個很長的故事。我只能說，先前不是提過醫生與護理師在遇到對自己不利的指摘時，動不動就會把「權威」昇華為「權力」的事嗎？事實上，過去我也遇到「教師」做了同樣的事。

活到了二十八歲，每天工作結束後連最喜歡的啤酒也不喝，昏昏欲睡地看著電視上NHK頻道的高中講座節目，最後終於考上了PT培訓學校。一開始雖然以為進了自己毫無興趣的領域，沒想到這個世界竟然意外地有趣。

第三篇

把專業知識用在照護現場——物理治療師的觀點

8 知識的遠水救不了第一線的近火

原來直腸不是用來存放糞便的器官！

不是我自豪，自從國二時放棄在學校裏的學習（即使如此，因為我讀的是可直升高中的私校，所以還是有上高中）之後，我只有為了大學入學檢定考以及ＰＴ培訓學校的入學考才稍微念了點書，但還真沒想到，自己原本不感興趣的ＰＴ培訓學校的課程，上起來竟然這麼有趣。

一年級時除了通識課之外就是灌輸大量解剖學、生理學、病理學等基礎醫學知識。對於將近三十歲的我來說，必須暗記死背是一件有點痛苦的事。死背有時會造成思考停滯，這也是從前我停止學習的原因，也因此感覺更加痛苦。不料上了二年級之後，學校開始教臨床運動學及自立訓練等課程，如此一來，一年級學到的片段知識忽然開始連結整合起來。換句話說，就像是將個別材料組合起來，變成帶有立體感的事物。當然，學校裏教的是以發病後不久的急性期訓練法為主，不過，我都會在上課時一邊思考，如何將這些知識技巧運用在所謂慢性期（出院後住在安養院或家中）的生活照護。簡而言之，就是把在學校裏所受的訓練翻譯為照護技巧。

或許因為在照護第一線時每天都很辛苦，在學校裏經常獲得「啊，原來只要這樣做就好」的新發現。

舉例來說，在生理學課堂上學了關於排泄的知識。在照護第一線的工作中，排泄照護原本就是最辛苦的一件事，因此我興致勃勃地主動翻開教科書中關於這部分的內容。首先令我大吃一驚的，是關於直腸的敘述，書上竟然說直腸的作用是「排出糞便的器官」。或許有人會說這有什麼好驚訝的，可是包括我在內，照護第一線的工作人員大概都以為直腸的作用是存放糞便吧。

畢竟便祕的老人家真的很多。為了通便，往往必須費盡心思。營養師開出富含纖維的菜單，護理師幫忙按摩腰部，舍監阿姨建議老人家們喝牛奶，偏偏明治年間出生的老人無法接受，阿姨只好一個一個去發比較好入口的乳酸飲料。做到這個地步還是大不出來的人就要使用軟便劑，可是這東西的份量很難控制，劑量不足大不出來，劑量稍微超過又會立刻變成拉肚子，處理起來非常麻煩。浣腸更是家常便飯，連浣腸都沒有效果的話，就要做到「挖便」的地步了。所謂挖便，指的是用戴上塑膠手套的手指伸入肛門挖出糞便。因此，也難怪我們一直認為直腸是堆積糞便的地方。

然而事實並非如此。根據我在生理學課堂上學到的，直腸通常是空的而且呈扁塌狀。只有S形的乙狀結腸將糞便推送進來時，直腸壁內側受到糞便的擠壓，直腸才會鼓脹起來。直腸壁以肌肉構成，當這裏的肌肉受到擠壓伸展時就會送出訊號，訊號透過神經傳導到背部的脊髓，脊髓再將「受到擠壓就擠壓回去」的命令回傳給直腸。接收命令後的直腸肌收縮，同時舒張肛門括約肌而排便。以上稱為「排便反射」。

當然，為了不讓這種反射立刻發生，大腦有時會發出忍耐命令，因此實際上人類的排便行為無法光用反射來說明，那只是基本機制。

這麼說來，只要不放過出現排便反射的時機就不會造成便祕了。那麼，排便反射什麼時候會出現呢?答案是乙狀結腸送出糞便之後。那麼,乙狀結腸什麼時候會送出糞便呢?值得慶幸的是,生理學的課本裏明確地寫了答案:一天三次。沒錯,就是三餐飯後。書上更寫著,最佳時機是吃完早餐後。原因是交感神經會在白天運作,使身體不容易引起反射,所以最好趁一大早,身體還沒完全清醒的時候把握排便時機。

醫學院為何存在?護校為何存在?

唔姆。知道之後就不覺得稀奇了。這只是解釋了為什麼我們人每天吃完早餐就會想上大號的日常事實而已。

令我驚訝的是,為什麼這種眾所皆知的事實和知識,竟然完全沒有被運用在照護工作上?醫生和護理師們明明在剛進醫學院或護校的階段就學過這件事,為什麼竟然沒有人想過可以將這份知識運用在每天最辛苦的排泄照護工作上呢?

照護第一線的早晨宛如戰場。照護工作一整天都很忙,其中尤其早晨更是分秒必爭。以我所屬的職場來說,雖然總共有五十位輪班工作人員,但早上輪值的只有剛下夜班、勉強睜著疲倦雙眼的舍監阿姨和兩位早班同事。剛結束值夜的男性雖然也可以來幫忙，不過他還得身兼接送職員上下班的司機，通常無法發揮戰力。換句話說，只靠三個人就得叫醒所有老人家，幫他們洗臉，分送早餐和協助進食，吃完早餐之後要收拾，同時還得做好交接給日班同事的準備。殊不知其實這段時間正是糞便被乙狀結腸送進老人們的直腸，身體正在產生排便反射的時候，就算老人家喊著「廁所！」，我們也沒有多餘的心力協助他們排泄。有些失智的老人家即使急著想上廁所，也只會像無頭蒼蠅一樣走來走去，或是口中發出奇怪的聲音，無法順利表達，使我們難以辨別他們是否已有便意，更別說誘導他們去上廁所了。不但沒有那個時間，也根本想像不到。

結果，好不容易老人家的身體起了排便反射卻受到壓抑，糞便就這麼堆積在直腸內，受到擴張的直腸連訊號都無法順利傳送。我在生理學課堂上學到這叫「惡性便祕」。因為過去生理學的知識從來沒有被運用在照護上，所以白白錯過了排便的最佳時機，導致老人陷入「惡性便祕」的窘境，照護人員事後也只能拚命做各種排泄照護，不是軟便劑就是浣腸、挖便……

我不由得心想，醫學院究竟是為什麼而存在？護校究竟是為什麼而存在？或許醫學院和護校裏的學生想學的是更「高尚」的醫療和看護吧，他們肯定對把屎把尿的照護一點興趣也沒有。可是，如果連這麼簡單的知識都在考取國家執照之後拋到腦後，無法運用在第一線的老人家身上，我實在很懷疑所謂「更高尚」的知識和技術能為老人家們做什麼。

在這個世界上有很多人熱心向學，出社會之後再次重返校園，專程到海外留學的人也很多。但是，我對這種事完全沒有興趣，只覺得若是連已經學會的知識都無法活用在眼前工作的話，談什麼追求更高深的學問？那些熱心向學的人為的不是老人家，為的只是自己的頭銜和自尊吧。

將專業知識活用在照護上

我認為在PT培訓學校三年所學已經十分足夠。當然，以培育專業人士來說，那仍是不夠充分的速成教育。即使如此，在那裏學到的東西已經足以成為我們的武器，而我們甚至還沒能好好把那些武器用在對老人家的照護上。

我想起一件事。有這麼一家人，明明不具備任何專業知識，在照護時卻懂得重視自己日常生活中的感覺並加以運用。在老人家住進安養中心前，我們先去做家訪。舍監長問「平常排泄都怎麼處理呢？」，回答的人是主要照護者，也就是那一家的太太。她是這麼說的：「每天吃完早餐，住在附近的長男會順路過來幫忙，由我們兩人合力讓他坐起來上廁所，雖然兩天才上一次。上完廁所整理乾淨之後，再一起合力把他搬回床上，然後長男才去上班。有時也會花比較多時間，幸好長男從事自營業，稍微遲到也沒關係。」

我佩服地說：「這樣啊，果然上廁所還是早上最好呢。這方法是誰教你們的嗎？」這麼一問，太太就說：「沒有，只是因為早上才有男丁可以幫忙罷了。」話雖如此，我認為這是將生活常識好好運用在照護上的一個好例子。只可惜，住進安養中心後，當然沒空協助那位老人家吃完早餐之後馬上如廁，最後他也變成軟便劑的慣用者了。

我們是照護的專家，我一直這麼想。雖然包括我在內的工作人員都沒有執照，只是由一群阿姨組成的照護團隊，但只要有領薪水，就該自視為專業人士。至少領多少薪水就該做多少事，才不會愧對自己。然而，不支薪的家庭照護者只憑生活常識就做得比我們強。更別說那些領高薪的專業人士，到底都做了些什麼？無論參加多少研討會，從來不曾看過誰介紹這些實務上的做法，甚至連個像樣的建議都沒有。可是，等等喔，我想想，這樣說會不會太強人所難了呢？第一線的照護人員固然明白現實狀況，卻沒有生理學等知識；專業人士雖然擁有生理學知識，卻不知道照護第一線的狀況。護理師的工作雖然也與病人的排泄有關，在當時的醫院裏，把屎把尿的工作多半還是交給跟在護理師身邊的看護助手，護理師們對這些工作是不屑一顧的。

是啊，除了我之外，沒有人能將專業知識運用在照護工作上了。像我這樣在照護第一線工作了四年才想成為物理治療師（PT）的人是很罕見的。我現在的身分，最適合為這兩個不同的世界搭起橋樑。

江川奶奶、發田爺爺與本田爺爺的「身體障礙學」

如此一來，回學校上課對我來說變得愈來愈有趣。學到帕金森氏症的時候，腦中浮現的是安養中心裏一位皮膚白皙的江川奶奶。她發病超過十年，總是躺在床上，病情已經嚴重到連她說出口的話都聽不清楚了。當時還未開發出好的藥物，病情轉眼間更加惡化。江川奶奶本人意識依然清晰，那種無法順利把想說的話表達清楚的狀況，似乎真的令她非常痛苦。在我們幾乎無法幫上任何忙的情形下，江川奶奶終究離開了人世。我一邊在學校裏學習關於帕金森氏症的症狀、治療方法與訓練方法時，一邊心想要是那時能為江川奶奶做些什麼，該有多好。

在關於失語症的課堂上，我想起的是發田爺爺。發田爺爺罹患右半身麻痺及失語症長達三十年，總是得拄著舊拐杖並裝上義肢才能行走。不管跟他說什麼，他都「嗯、嗯」點頭，上過失語症的課我才明白，原來那不代表他真的理解別人說的話，他只是藉由周遭狀況來判斷、推測別人究竟想說什麼。

本田爺爺則是明明無法行走，卻總是堅持自己「等到春天就會走路了」。原來他這麼說既不是老年癡呆，也不是虛張聲勢，我在課堂上學到這是一部分罹患左半身麻痺的人特有的「病覺缺失症」。當然，即使知道這一點也無法改善本田爺爺的病症，畢竟目前還找不到有效的治療方法。可是，至少可以不必再誤會他。想到必須生活在別人誤會中的本田爺爺的心情，我不由得認為「清楚理解對方的障礙」是照護工作者的必備條件。這個想法在我畢業十年後，終於整理成一本書——《身體障礙學》（雲母書房）。這雖是「我的生涯工作」系列中的一本，但我始終認為，這本書是江川奶奶、發田爺爺和本田爺爺希望我做的事。

正因如此，即使我二十八歲才入學，在培訓學校的那三年對我而言仍非常有趣且意義深遠。不，正因二十八歲才入學，意義更加重大。比方說，高中畢業後馬上進入培訓學校的人，大多得等到畢業實習時才真正遇到半身不遂與帕金森氏症的患者，仔細想想，那會是非常辛苦的事。

對「正能量」和「積極開朗」的懷疑

不過，在這個領域中，還有幾個讓我存疑的地方。

其中之一就是學生們的「積極開朗」。並不是說積極開朗這件事有什麼不好，但我就是覺得不大對勁。整體而言，想投入物理治療這行的都不是壞人。想從事面對人群的工作，希望自己做的是對別人有益的工作……會來學習物理治療的幾乎都是擁有這類想法的人。如果讀的是醫學院就很難說了，其中一定也有為了賺大錢而決定從醫的人。該說幸運還是不幸呢，物理治療（PT）或職能治療（OT）的薪水沒多少，以賺大錢為目的的人多半不會投入這行。

既然都是好人，個性又積極開朗，那還有什麼好抱怨的？問題是，某天我親眼目睹了一件事。培訓校的低年級生中，有一個人跟我一樣是先有社會經驗再重返校園的怪咖。那天，我看到他被一群高年級生圍住，似乎正遭到眾人訓斥。走過去一看，被罵的原因是他不向高年級生打招呼。在醫院或學校走廊擦身而過時，學生們通常會互相打招呼，因為住宿舍的人很多，學生之間的親密度也比較高。此外，培訓校的校風在某種程度上很接近學徒制，學長學弟之間對上下關係的意識比較強烈，打招呼時由低年級生主動便成了不成文的規定。

被高年級生包圍的他屬於個性比較內向退縮的類型，就算人家要他打招呼，他也只會默默低下頭。這件事明明與我無關，我卻代替沉默的他出頭反駁。我說：「打招呼或許是件好事，但也不需要強迫別人吧。」其實我更想說的是：「你們不過是早一兩年進入培訓校，憑什麼擺出前輩的架子？若論社會經驗，我和他才稱得上是你們的前輩呢。」

真要說的話，PT或OT都是頻繁面對精神障礙患者的工作。在精神障礙患者當中，也有很多不懂或無法打招呼的人。今後工作上必須和這樣的人相處，現在卻動不動就威脅恫嚇不打招呼的人，將來要怎麼工作？

他們的理由是「我們將來要從事面對人群的工作，積極開朗地和患者打招呼是最基本的事吧。連學生之間都不打招呼的話，又如何能和患者建立良好關係？」站在教育指導的立場，這麼說也不無道理，問題是，只要將來實習或開始工作後能好好和患者建立關係就行了，做不好的人在實習的階段自然會被刷掉，或根本畢不了業。就算學長們擔心學弟，也不必因為學弟不跟自己打招呼就生氣吧。反過來說，不懂得體恤內向的人不敢打招呼的心情，將來又如何能跟患者好好相處呢？

沒錯，對老人家來說，遇到積極開朗的照護者當然是一件好事。可是，老人家也有各種類型的人，即使是同一位老人家，也會有積極的時候和消極的時候。在面對內向消極的老人家時，內向的照護者有時反而更能發揮同理心。各種類型的人都有不是比較好嗎？

結果，最後那些高年級生撂下狠話：「即使畢業以後進入復健科工作，我們也不會承認你們是學弟啦！」無意間透露了他們的「真心話」。儘管這樣的他們其實擁有熱心助人的本性，是一群會去障礙兒童設施當義工的好青年。

為了幫助有困難的人而進入PT、OT培訓校，一邊努力用功，一邊利用假日到障礙兒童設施當義工，這樣的他們全身充滿「正能量」和「積極開朗」的特質，但是，同樣的一群人也是老想「強迫別人和他們一樣」的人，這點實在令人不敢苟同。我一直不懂自己為什麼對「正能量」和「積極開朗」抱持懷疑，這件事終於讓我明白為什麼。

這種懷疑後來一直持續，或許是我對整個時代的疑惑也不一定。如果人非得活得正向，許多老人家的人生豈不是充滿罪過？我至今的人生也充滿罪過。如果人非得開朗積極才行，許多老人家又該如何面對內心懷抱的黑暗面？一味站在光明的世界裏，不就看不到背後的陰影了嗎？這樣是無法好好和老人家相處的。老人問題是時代造成的，我似乎找到這個說法的一個理由了。

9 訓練上的致命傷

解剖實習——莊嚴肅穆的體力活

不只對復健或社福工作者口中的「正能量」、「開朗積極」存疑，我對醫療或復健領域的方法論也有難以理解的部分。不過，隨著在培訓學校的學習，我逐漸找到產生這些疑惑的根據。

結束第一年的通識及基礎醫學課程後，升上二年級的我們開始進入解剖實習與專業科目的課程。解剖實習是在搭公車三十分鐘的某醫科齒科大學進行，一週兩次，每次都要花上整個下午的時間。持續了一個半月左右的實習，內容遠遠超乎我的想像。

畢竟不管怎麼說，得將人體超過五百條肌肉和大約兩百塊骨骼全部分解取出。所有學生除了換上白袍之外，還要套上從肩膀遮到腳底的塑膠解剖衣，戴上白色帽子和口罩。在解剖開始前，指導教授要求所有學生默禱致意。

「躺在這裏的大體老師，幾乎都是自願為醫學奉獻軀體的人。其中有生前與我熟識的人，也有些是我朋友的家屬。對任何一塊骨骼或任何一片肌肉抱持不敬態度的人，我會請他立刻停止實習。」

在課堂上向來溫柔寬厚的解剖學教授如此宣布，底下聽的學生也緊張到了最高點。畢竟看過屍體的學生有限，更別說實際碰觸屍體了。我雖曾將往生的老人家遺體搬到太平間，也有過好幾次和園長一起將遺體裝入棺材的經驗。不過，那個和這個不可相提並論。

遺體放在水泥製成的水槽中，儲存用的藥劑令我們淚水直流。解剖實習室內只聽得見工廠用的那種大型換氣扇發出的聲音，我們將裝在塑膠袋內、纏了滿滿白色繃帶的遺體抬出來，放在解剖台上。六個人一組，終於到了必須解開繃帶的時候。我們六人面面相覷，從帽子與口罩間露出的雙眼透露出異樣。其中年紀最大的我不得不扮演起領導者的角色，分別將右腳、左腳、右手、左手和體幹分配給大家，眾人最抗拒的頭部則由我自己負責。雖然裝作若無其事的樣子，拆開繃帶那一刻，看見往生後依然睜大的雙眼時，仍不免讓我嚇一大跳。

拆除繃帶後，先前由醫學院學生從體表解剖並已取出內臟的「人體」，出現在眼前。沒有時間躊躇，我們必須對照著課本，將肌肉一條一條取出來，在筆記本上速寫。然而，肌肉與骨骼接合的部分比想像中更堅固，我們的動作漸漸不像一開始那樣小心翼翼，也開始動用木槌和鋸子吃力地解剖。手勁變重的同時，嘴巴卻放鬆了。「這條肌肉有什麼作用呢？」「試著拉拉看？啊，手腕動了。」「那應該就是掌長肌了吧。」如此一邊彼此討論，一邊確認在課堂上學到的知識。說實在的，求知欲真的是很驚人的東西，即使面對超乎想像的事態，我們還是馬上適應了。

我想，這輩子再也不會有第二次相同的體驗了。於是，在第二次上解剖實習那天，我早早吃完午餐，一個人走進實習室，將大體老師抱到解剖台上，解開繃帶。仔細想想，那真是一幅驚人的景象。我想起大江健三郎的某部小說中，主角在打工的地方管理存放遺體的水槽。記得小說的情節非常陰暗，充滿存在主義的氛圍，相較之下，獨自在解剖室中抬出遺體的我，面對的是完全不同的世界。

就這樣，我確實擁有了專業人士的目光，肌肉與骨骼在我眼中不再只是單純的肌肉與骨骼，而是透過收縮舒張引發人體動作的要素。

只要一根手指就站不起來

進入專業課程後，有一堂「自立訓練」課。上這堂課的第一天，老師要我們做的第一件事是分析「從椅子上站起來的動作」。

教授請其中一個學生坐在椅子上，再讓另一個學生站在他面前，伸出一隻手，將一根手指抵在坐著的學生額頭上。接著，教師要求坐著的學生站起來，沒想到他竟然完全站不起來。坐著的人用盡全力想起身，相對地，站著的人只不過將一根手指輕輕放在對方額頭上。如果有人不相信，就請他自己也試試看。不過，必須注意的是，手指有時會不小心插進眼睛。因此，務必請站著的人一定要將手指的第一關節朝上，如此一來，就算用力過猛，手也只會朝頭頂的方向滑開，不至於戳進眼睛。

在我現在舉辦的生活復健講座「照護實技學」課程中，每次也都會請所有人做這個實驗。最近，似乎因為電視綜藝節目介紹過的緣故，這件事已經成為普及的常識了，但是在我就讀培訓學校時還沒什麼人知道這件事，所以大家都很驚訝。

接著，請重新觀察「人從椅子上起身的動作」，如此一來將會清楚發現，為何只用一根手指抵住額頭就能令對方無法起身。最好可以由側面觀察從椅子上起身時的動作。請注意觀察頭部，從坐姿變成站姿的過程，頭部呈現一條什麼樣的曲線？在實際觀察之前，我們往往認為頭部一定會以最短距離從坐姿時的位置移動到站姿時的位置，事實則不然。經過觀察就知道，起身的那一刻，頭部並非朝斜上方，反而是朝斜下方移動。

從椅子上站起來的時候，我們的頭就像鞠躬一樣往前低。這時，請大家注意頭和腳的相對位置。愈想輕鬆站起時，頭會向前傾到超過腳的位置。當頭部傾斜到這個位置時，臀部自己會從椅面上騰空。反過來說，只有當頭部充分前傾時，腳才能開始用力，幫助臀部騰空。

換句話說，人從坐姿起身時，頭部不會循最短距離移動，反而繞了一大圈。不是朝上方移動，而是朝下方前傾。所以，一旦頭部往前的動作受到限制時，人就無法從椅子上站起來。

人們可能因遭到某種障礙而無法站立。想要讓無法站立的人重新站起來，該怎麼做呢？首先，請試著仔細觀察人站起來時的動作。分析這個動作。於是你會發現，必須先讓頭部往前傾，往下方移動。接著必須把腳往後方縮。請大家坐在椅子上，把腳往前伸直，試看看能否站得起來。一定很難吧。這是因為，腿部是否有力並非站起來的必要條件，想鍛鍊腿部的力量，等站起來之後再做就可以了。站起來所需要的力量沒有想像中多，只要滿足剛才提到的兩個條件，也就是頭部往前傾、腳往後方縮，臀部就會自然騰空了。因此，與其說站起來需要力氣，更重要的是在什麼條件下使力。這個道理不只限於站立，幾乎可以套用在所有動作上。

比「力氣」更重要的是「保持平衡的能力」。不管是頭部前傾還是腳往後縮，其實都是為了取得前後的平衡。支撐人體重量的是腿部，當後方有臀部的重量時，唯有把同等重量的頭部往前傾，才能取得前後重量的平衡。左右的平衡倒是不用特別注意，因為人體基本上都是左右對稱的。不過，遇到腦中風引起單手單腳麻痺（半身不遂）的人則會失去這種對稱性，這時，取得左右平衡也就變得很重要了。

站立與翻身的原理

就像這樣，去分析「完成一個動作所需的個別要素是什麼」。透過對個別要素的檢查，從中找出站立有困難的人問題出在哪裏。

舉例來說，有個個案因為長期臥床，導致腿部無力，再加上關節僵硬的緣故，頭部無法順利前傾。一旦知道原因是什麼，就能為他擬出鍛鍊方針如下：一、增強下肢肌力，二、改善體幹關節可動範圍。

這是多麼簡單明瞭的世界啊，我不由得讚嘆了起來。近代科學的勝利就勝在這樣的具體性。過去我從不曾用這種具體性的眼光看待人類。畢竟我不是專家，不懂也是理所當然的事，不過在這之前，我看人類的眼光是更文學性的，頂多只能說是針對心理層面。對於這樣的我來說，眼前這個簡單明瞭的新世界充滿了新鮮感。說「文學性」聽起來好聽，簡單來說其實是見山不是山，把人類夢想成某種抽象的事物了。因為只想用單一意識形態掌握人類的面貌，真的是名符其實的夢想。夢想脫離現實太遠，為了守護夢想，只好嫌惡現實中的人類。

然而，眼前的世界既沒有浪漫情懷也沒有嫌惡或失望。人類單純成為一個分析對象。多麼現實主義！多麼單純！我這麼說絕對不是諷刺，而是真心為這樣的世界感動。

獲得這種方法論後，內心油然產生什麼都能解決的感覺。比方說，試著分析看看「翻身」這個對人類來說最基本的動作吧。

不能翻身是很嚴重的事。為什麼這麼說呢？躺著的人若想起身，除了年輕力壯腹肌有力的人之外，幾乎都要先將姿勢改成側臥才行。如此一來，無法翻身的人就無法起身，陷入臥床不起的困境。臥床不起的人很快就會長出褥瘡。為了避免這一點，護理師們必須不斷協助患者「變換姿勢」，時而向右側躺，時而仰躺，時而向左側躺。換句話說，如果能夠自己翻身變換姿勢的話，不僅對患者本人有好處，也能讓護理師、照護工作者和家屬減輕很多負擔。

首先，請試著觀察人翻身側躺時的動作吧。每個人的模式可能不大一樣，但應該不脫以下三種動作要素。一種是向右轉身，稍微立起左膝再向右側放低。一種是稍微舉起左手，橫過身體朝右側伸展。另一種是頭稍微抬高並向右側轉。翻身側躺時最初採取的動作不外乎這三種，目的是藉著這三種動作扭轉身體，帶動身體其他部分朝側邊轉動，達到側躺的目的。也就是說，只要檢查這三個動作以及關節的可動程度，找出這四個要素的個別問題，針對問題擬定鍛鍊方針就行了。

不適用於「老年」的訓練

若是接受醫師的診斷與治療，就不能像物理治療一樣只著重鍛鍊身體機能，不但更複雜也需要更高度的專業能力，不過，基本的方法還是相同的——透過觀察、問診及檢查發現問題點，找出臟器病變或病原體等疾病成因，針對原因對症下藥，擬定治療切除或給予抗生素等治療方針。

這是一套建立得很完善的方法論，內含清楚的因果關係和邏輯。然而，我總覺得不能只是讚嘆佩服。明明擁有一套這麼完善的方法論，為什麼醫院裏還是有這麼多躺到長褥瘡的老人家被送進安養中心呢？就連號稱「復健醫院」的知名醫院也一樣。

同樣自己親身實地做做看就知道了，從仰躺的姿勢改成側躺，其實並不需要花費太多力氣。把左膝立到最高，再輕輕將膝蓋往右邊放倒，全身就會跟著朝右邊轉。就算是老人家，甚至是半身不遂的患者，還是可以把沒有麻痺那邊的膝蓋立起來，身體也應該還有這點力氣才對。

假設真的立不起膝蓋，身體也沒力氣，即使是這樣的人，只要透過物理訓練好好鍛鍊關節可動範圍，加強肌力，至少還是可以做到朝側邊轉向。畢竟這真的只需要一點力氣就能辦到。

然而，實際情形卻不是如此。理論說起來簡單，在面對老人家時，近代科學的理論也有無法適用的時候。

首先第一個問題是，無法持續鍛鍊。老人家總找得到理由不來復健室。像是「昨晚沒睡好」、「總覺得今天一直想拉肚子」、「頭痛」等等，理由要多少有多少。老人家們似乎就是提不起勁來做復健。

為什麼提不起勁呢？因為做復健一點意思也沒有啊。想想看，為了訓練老人家能夠自己翻身，首先必須一一分析動作要素，找出其中的問題，再針對問題擬定鍛鍊方針，接著就是不斷重複抬高左膝、抬高左手臂或抬頭的練習，這樣的復健怎麼可能有意思？

然而，復健或鍛鍊這種事本來就是這樣。沒意思是理所當然的，即使沒意思也要忍耐地做才會有效果。實際上也有人因為這樣而做出成效。可是仔細想想，年輕人之所以願意忍耐去做，終究還是因為有意思。復健的當下或許沒意思，只要身體變好了，可以回家了，之後的人生還有很多有意思的事等著他們。一想到這一點，年輕人就願意耐著性子接受無趣的復健。老人家卻不一樣，他們連之後的人生還有多少年也不知道，為了這不確定的未來要他們現在忍耐，這套理論老人家無法接受。

追根究柢，上述方法論在本質上的缺陷，或許正是這樣的「沒意思」。最大的證據就是對老人不適用。人人都說老人適應力低，無法適應復健訓練。學會裏最常聽見的話就是「明明年紀這麼大，還這麼缺乏適應力」。然而，「不適用於老人的理論」，不就是「不適用於人類的理論」嗎？老人也是人，不是特別的存在，今後的社會人口比例更將由老年人佔去大部分。與其認定高齡者不適用復健訓練，不如反過來認為訓練本身不適用於「老年」還比較符合自然。不適用於老年人的訓練，也只是強迫年輕人接受罷了，希望大家能夠這麼想。只因為老人比較誠實，不願意接受強迫，所以才會拒絕復健，如此而已。

那麼回過頭來說，為什麼復健「沒意思」呢？因為把人類的動作分解成要素了。分析事物並分解出要素，這確實是近代的專業方法。靠這套方法也確實看出了過去不明白的道理，從中找到一條可依循的道路。可是，這麼做的代價就是必須強迫患者接受一點意思也沒有的復健訓練。

男人欣賞美女很有意思，女性欣賞帥哥應該也很開心。可是，如果把美女或帥哥的臉一一分解成要素，那就一點意思也沒有了。「你看，美女的鼻子就長這樣，嘴巴就長這樣」，即使這麼說也不會覺得美。所謂的美應該是在個別要素的組合下，呈現出超乎個別要素的表現，像上面那樣的說法，當然一點意思也沒有。

以「全體組成的個人」為出發點

那麼究竟該怎麼做才好呢？

我一方面受到近代方法論的魅力吸引，一方面不得不去思考，為什麼這套方法不適用於照護第一線呢？究竟該怎麼做才好呢？

首先，該做的不是分析動作，當然，那麼做有那麼做的效果，可是我們首先更該感興趣的是：「何謂人類的動作」。這裏指的並非心理學上的「促進動機」，不是探討怎麼做才能讓人做出動作。我想說的不是這套已存在眼前的方法論，而是更進一步探究與「人類是什麼」有共通之處的本質性疑問。畢竟，事實就是有這麼多明明不可能不會翻身的人長出褥瘡，事實就是即使半身不遂也應該能站得起來的許多老人家卻一動也不動地躺著。唯一的解釋就是老人家們不是動不了，而是自己不想動，結果才會造成臥床不起、動彈不得的狀態。這麼解釋，很多事情就說得通了。

仔細想想，醫療教育本身就立基於分析式的方法與要素還原主義上。從解剖學開始學習不就是一種典型的醫療教育嗎？學生必須先死背人體的每個組成要素，然後才能由此循序漸進地學習對各種疾病的治療法。因此，剛開始的時候一點意思也沒有。只有能撐過這段無聊課程的人，之後才能體驗到將個別的知識整合起來的樂趣。難道除了這種毫無意義，只能死背硬記的方法之外，就沒有別的教育方法了嗎？更進一步說，難道不該擔心這種教育只會培養出把人類視為「個別要素集合體」的醫護人員嗎？這說不定就是造成醫護人員滿不在乎地綁起老人雙手的原因。

人之所以想要獲得知識，最大的原因難道不是為了替活在眼前的人提供具體的幫助嗎？正因為看到臥床不起的老人家，希望想辦法為他們及家屬解決困擾，為了思考原因和做出對策，所以才去學習解剖學和生理學。就順序來說，難道不應該是這樣嗎？就像我在老人安養中心第一線照顧過罹患帕金森氏症的江川奶奶和半身不遂的發田爺爺以及本田爺爺，所以才能從學習中獲得樂趣。

不是以個別臟器組成的「全體」，而是以活著的「個人」為出發點，有沒有這種獲得知識的教育方法呢？在我後來舉行的生活復健講座中，依然不斷提出這個問題。

舉例來說，在與半身不遂相關的講座上，首先我會請聽眾列舉自己照顧過的半身不遂患者名單。如果是與帕金森氏症相關的講座，則請聽眾想起自己接觸過的帕金森氏患者，即使只有一個也沒關係。我會請聽眾對自己提問，從明天起，不，從當天晚上開始，自己將如何與這位患者相處。講座就在這樣的問題意識中展開。

然而，還有更急於解決的問題，那就是老人的復健訓練法。因為一點意思也沒有，這種無法令人自動自發進行的方法論具有致命的缺陷，完全不適用於老人家。那麼，有沒有什麼方法是有意思的、好玩的，令人想自動自發嘗試，同時又能解決個別要素的問題呢？我彷彿聽見「近代科學」發出嘲弄的笑聲說：「又不是魔法，怎麼可能有這種方法？如果有的話，早就在學會上發表過了吧。」

10 既然又要走回去，幹嘛叫我走過來

在三年後的春天撒手人寰

第二年的解剖實習一轉眼就結束了，第三年大部分的時間都在醫院與復健設施臨床實習中度過，最後順利完成ＰＴ培訓學校的學業。畢業後，我回到睽違三年的特別照護安養中心。話是這麼說，其實暑假和寒假期間我都曾帶同學一起回安養中心住，和老人家之間的人際關係並沒有中斷，入居者也很自然地迎接我回來。

在這三年之中，我不僅獲得了超乎想像的嶄新體驗，最重要的是身分有了轉變，正式成為一個物理治療師。儘管我本身產生了這麼大的變化，老人家們乍看之下還是

在安養中心過著一成不變的日子。

然而事實上，安養中心裏還是有一些變化。首先，這三年內有好幾位老人家過世了。其中，再也不能見到小田嶋朝子奶奶，對我來說是最難過的事。小田嶋奶奶得了一種叫做「亞急性脊髓視神經炎」（subacute myelo-optico-neuropathy，簡稱SMON）的病，導致下半身不遂。這種病是服用整腸藥「奇諾佛」（Quinoform）所引起的藥害。小田嶋奶奶是安養中心裏數一數二的高知識分子，即使自己深受雙腿疼痛所苦，她還是對職員和其他老人非常關心，永遠不忘笑臉迎人。三年前，在我即將離開職場進入PT培訓學校就讀前夕，小田嶋奶奶按了床邊鈴把我叫到房間，將一張小紙條交給我。打開來看，裏面寫著一首詩：

像拐杖般　可靠的你　即將啟程
望你歸來　三年後的春天

我不爭氣地紅了眼眶，只可惜書讀得不多，我的知性和教養都不足以寫一首詩做為回禮，只能將那張紙條夾在記事本中，陪伴我度過三年學生生活。三年後的春天我回來了，小田嶋奶奶卻已撒手人寰。

對安養中心的老人家來說，生活上還出現了一個很大的變化，那就是從原本的六人一間房，變成四人一間房了。安養中心剛開設時，法律規定一個房間不能住超過八個人，原本的六人房已經算是走在時代尖端了。近來新開的特別照護安養中心規定是一個房間不能超過四個人。當時，我們安養中心一方面增設房間，一方面停止招收新的入居者，如此一來才從原本的六人一房改為四人一房。此外，雖然數量不多，也增加了一些雙人房和單人房。

一間房間只住四個人，除了空間不再像原本那麼狹小之外，每個人都能分配到靠角落的位置，老人家們的心也比較安定下來。每個人擁有更寬敞的空間後，可以多放些櫃子和椅子，每個人的角落都布置成有個人風格的生活空間了。

「你這男人真煩……」

丸岡秋代奶奶就是少數幾個住單人房的老人家。搬進安養中心才三個月的她，和剛回安養中心的我第一次見面，聽到我的自我介紹時，丸岡奶奶立刻露出明顯厭惡的表情。我把這件事告訴指導主任，主任說：「她對誰都這樣喔。住進來到現在沒見她笑過，大概是曾經因為笑而發生過不好的事吧。」即使如此，我還是覺得她的原因沒這麼單純。

後來丸岡奶奶才告訴我：「以前住在醫院時，曾被一個年輕的物理治療師兇過，被罵得很慘。原本以為住進老人安養中心就不用再接受復健訓練，正在高興的時候你就回來了，害我大失所望。」原來是這麼一回事。

毫不知情的我，一回來就勸她做復健。她因為腦中風的緣故左手左腳麻痺，雖然左手重度麻痺，只能無力下垂，左腳的麻痺程度卻很輕微，肯定還有機會靠自己的力量行走。儘管如此，她卻幾乎躺著不動，甚至包上了尿布。其實只要稍加鍛鍊，就算無法自行走到廁所，至少可以使用放在床邊的簡易馬桶，應該可以不必包尿布才對。

沒想到，她只是一個勁兒嚷著「我這樣就可以了，不要管我」，板著一張臉拒絕復健。無可奈何之下，我每天早上都不厭其煩地進行勸說。「早安，我們去復健室吧！」只要這麼一說，丸岡奶奶看到來的是我，立刻把棉被蓋在頭上。但我可不會就此認輸，繼續掀開她的棉被說：「早安！」換來的是她一句：「你這男人真煩，我說不去就是不去！」再度用棉被蒙住頭，縮進被窩裏。

好玩的是，一旦我不來勸說，她又表現出一副期待落空的樣子。身體躺在床上，頭卻抬起來盯著走廊的方向看。但是，一看到我走進房間又會立刻用棉被蒙住頭。

我猜她對復健還是有興趣的，因此試著解讀她的心理：「在醫院復健時確實被罵得很慘，可是這裏的PT臉圓圓的看起來很親切，說不定不會那麼壞。接受復健訓練的話，或許真的可以靠自己走路……」她心裏可能這麼想。事實上，我說笑話的時候她也笑了。雖說還是強忍著不發出笑聲，只是撇著嘴巴「呵呵」兩下，我還是認定她已經沒那麼討厭我了。

於是，我進一步大膽推測她內心的想法：「不如去復健看看吧。可是原本一直拒絕的是自己，事到如今哪有臉說要去……再說，主動接受復健就表示非努力不可，如果是被勉強帶去的話……」

當然，這些只是我自以為是的推測，事實或許不是如此。可是很多日本人都會用這種扭曲的形式發揮主體性。要是等他們「自己決定」，別說復健訓練了，看看有多少老人家連洗澡都不願意，一年沒洗過幾次澡。因此，為了引出老人家們的主體性，我也得發揮自己的主體性才行。有時看起來雖然像在強迫他們，可是，唯有當我的主體性和老人家的主體性交會的時候，照護才總算能夠成立。

所以我決定強制敦促她去做復健。當然，只有在確定這種方法不會破壞與對方的人際關係時才能這麼做，也只有在這麼做不會造成無法挽回的後果時，這種方法才有效。

「早安！」這麼說著走進房間時，我已不由分說地帶上了輪椅。丸岡奶奶一看見輪椅就說：「幹嘛，我哪裏都不去喔！」不過，這次她沒有用棉被蒙住頭。我見事情有望，知道自己果然沒有過度解讀她內心的想法。

「今天無論如何都得帶丸岡奶奶去復健啊。要是連一個人都無法帶去復健，我在這裏還有什麼用。妳不肯的話，我今晚就沒錢買飯吃了。來，用手抱住我的脖子吧。」

丸岡奶奶聽了我的玩笑話，照例撇了撇嘴角偷笑，嘴上還是堅持「不要」。可是，聽到她接下來那句話，我不禁在心裏大喊「萬歲」！她說的是：「不要，我才不要頂著這顆頭出門。」

我立刻用梳子幫她把睡得亂翹的頭髮梳整齊，拿鏡子給她照。「這樣就可以了吧？」「不要，我才不要穿這樣出門。」

原來如此，即使是奶奶也有顆女人心啊。只在睡衣上披一件外套是不能出去見人的。不管怎麼說，這可是她住進安養中心以來，第一次離開房間去那麼多人的地方。

我拜託舍監阿姨，幫奶奶換上住進來時穿的襯衫和長褲。換好之後，「來，用手抱住我的脖子吧。」這麼一說，丸岡奶奶真的用還能自由行動的那隻手牢牢攀住我的脖子。我將她搬到輪椅上，再次幫她把頭髮梳整齊，推著輪椅往復健室去。她似乎已經放棄抵抗，表現得很聽話，只是不知道是害怕人群還是害怕復健，臉上露出難以言喻的緊張表情，令人不禁莞爾。

復健訓練是方法，生活行為才是目的

安養中心的復健室採用巡迴方式。這是因為，就算有再多專任的ＰＴ，如果採用一對一的訓練方式，能夠指導的對象還是有限。採用巡迴方式才能讓老人家無論什麼時候過來，都能將室內所有訓練器材使用過一遍，達到復健訓練的效果。首先，入口右側放了一排高矮不同的台子，請老人家先在這裏坐下來，測試能夠從幾公分的高度自己站起來。這麼做除了可以檢查腿力與平衡能力外，也同時具有訓練的效果。接著，在復健室右後方活動關節後，再換到左後方鍛鍊平衡感。最後再移到角落喝茶聊天。大概是這樣的行程。

復健室正中央放有平行桿，這是唯一看起來像復健室的地方。老人家們在那裏反覆練習站起和坐下。

住在特別照護安養中心的老奶奶壓倒性地多。女性和男性入居者的比例大約是五比一，復健室也幾乎被老奶奶們佔據。所以，很聒噪。有時都搞不清楚她們到底是來復健還是來聊天了。其中尤以三位超過八十五歲，自稱「三個小姑娘」的奶奶齊聚的日子最是吵鬧，她們總是扯著嗓門大開與下半身有關的黃腔，害得有些比較優雅的義工都不敢接近她們了。然而，當我推著丸岡奶奶進入房間時，整個復健室瞬間安靜下來。丸岡奶奶是生面孔，又板著一張臉，這樣的她吸引了眾人的好奇目光。

我將丸岡奶奶的輪椅推進兩根平行桿中間。丸岡奶奶雖然已經完全放棄抵抗，態度還是很不高興。「幹嘛啦！」嘴裏這麼埋怨。「請握著平行桿站起來。」我這麼說。「站起來是吧？這種事在醫院裏已經被要求做過很多次了。」嘴上這麼嘟噥著，丸岡奶奶還是咻地站了起來。畢竟她左腿麻痺的狀況並不嚴重。

「站起來了啊！然後呢？」丸岡奶奶不耐煩地說。「站起來之後，接下來請您試著走幾步。」我這麼說。儘管奶奶嘴上依然嘟噥個不停，還是四平八穩地往前走了幾步。走到平行桿另一端後，又用不悅的聲音說：「我走了啊，然後呢？」於是我又說：「那麼請您再走回來。」這時，丸岡奶奶回我的那句話，引發整間復健室的人哄堂大笑。

她是這麼說的：「既然又要走回去，幹嘛叫我走過來！」

從此之後，丸岡奶奶成了安養中心裏的大紅牌。當時也在復健室裏的「三個小姑娘」到處跟人家說：「原來那個人是冷面笑匠呢。」

在眾人的大笑聲中，我雖然也跟著笑了，內心卻笑不出來，暗自低喃「真是傷腦筋啊」。其實丸岡奶奶說得沒錯。復健訓練是方法，目的是為了達到生活行為的自立。然而，生活行為和訓練動作完全不一樣。復健訓練只是按照ＰＴ或ＯＴ的指示做動作，一個口令才有一個動作。生活行為卻是不需任何人指示或命令的自發行動。訓練本身並非目的。正如丸岡奶奶所說，「既然又要走回去，幹嘛叫我走過來」。想做出生活行為必須先有目的，有目的才會產生行動欲望，達到身體自發行動的結果。

所以，就這層意義來說，在復健室內接受命令執行訓練的人，回家之後當然什麼都不會做。「沒有意思」就是復健訓練最大的致命缺陷。在我投入ＰＴ工作最初的階段，丸岡秋代奶奶讓我重新體認到了這一點。我才剛重新出發，就已經預見前途多舛。

說回這個丸岡奶奶吧，後來，她每星期都會出現在復健室兩次。不過，與其說她的目的是為了復健訓練，不如說是去聽在角落喝茶的「三個小姑娘」開黃腔。每次都能看見她苦著一張臉強忍笑意的模樣。

11 何謂遊戲復健？

態度不變的老太太們

丸岡奶奶這句「既然又要走回去，幹嘛叫我走過來」，大大動搖了我身為物理治療師的自我認同。沒想到，接下來又發生另一件深深震撼我的事。

七十七歲的丸田茂吉爺爺自八年前開始罹患了小腦萎縮症，罹患這種疾病的人會逐漸失去平衡能力，而且病症只會愈來愈惡化。三年前他剛住進安養中心時，還能靠自己走上五、六步，不用扶任何東西。然而最近，病情已經惡化到連扶著東西走路都很勉強的程度，即使只是一秒，只要放開雙手就無法穩穩站立。

這種病無藥可治，能做的只有藉由復健訓練延緩平衡能力的喪失，預防因運動不足產生的肌力減弱，同時盡可能地維持肺活量。

丸田爺爺來復健室時，多半站在平行桿中間做站姿平衡訓練，隨著病情的惡化，跌倒的危險性愈來愈高，漸漸改成以坐姿平衡訓練為主。當丸田爺爺或站或坐訓練平衡能力時，我會故意破壞他身體的平衡，讓他為了保持平衡而使力。不斷反覆這樣的訓練，無論對他或對我而言，當然都是一點意思也沒有。

某天，我看見丸田爺爺正在參加休閒治療。當時院內老人家們的物理治療由我負責，休閒治療則由另一個男性生活指導員負責。如果有時間的話，我們通常會彼此支援。那天正好復健室很不忙，我就前往正在進行休閒治療的交誼廳幫忙。

那天的休閒治療，玩的是才剛想出來不久的「氣球投籃賽」。正中央放一個籃子當作籃框，坐在椅子或輪椅上的老人家們在四周圍成一圈，用氣球代替籃球比賽投籃。敵我雙方間隔而坐，換句話說，每個人的左右兩側都是敵方隊友，投籃的同時也要防止手中氣球被敵方隊友搶走，雖然是遊戲，也可達到運動的效果。一開始規定必須坐著投籃，後來因為太多人忍不住站起來，於是將規則改成站著投籃得一分，坐著投籃得兩分。

指導員發下紅白兩色的頭巾，用來區分不同隊伍，老人家們紛紛將頭巾綁在頭上。丸田爺爺笑嘻嘻的，表情和在復健室時完全不同。這也難怪，八個參賽者中只有他一位老先生，其他七人都是老太太，而且其中三、四個老太太還搶著要照顧他。綁頭巾的時候也是，左右兩邊的奶奶一邊七嘴八舌地說「這樣綁比較帥」、「不，還是綁低一點好」，一邊幫他綁頭巾。丸田爺爺一說想上廁所，坐在他對面的老太太立刻把輪椅推過來。

老太太多半喜歡照顧人。她們一輩子都在照顧孩子與丈夫，住進安養中心後卻變成被照顧的人，幾乎沒有照顧別人的機會。因此，一看到像丸田爺爺這樣行動比自己更不方便，個子比自己還嬌小，個性又溫順的男性，老太太們就忍不住摩拳擦掌，迫不及待地想貢獻自己的力量。

不過，一旦開始遊戲，她們的態度可就瞬間一變。這是因為女性對勝負的執著心比較強，遊戲得分差距愈小，表現就愈激動，只要丸田爺爺投籃失敗或被旁邊的人搶走氣球，怒罵聲立刻此起彼落。「爭氣一點啊，你不是男人嗎！」

發生了教人難以置信的事

丸田爺爺不得不全力以赴。可惜的是，坐在椅子上投球的力道差了那麼一點，投出的氣球只打到籃框，眼看就要掉到地上。當周遭歡呼聲轉變為歎息聲的瞬間，令人難以置信的事發生了。只見丸田爺爺倏地站起來，掂起腳尖，用力把手伸長，把氣球推了回去。即使如此，氣球還是沒能掉入籃子裏，停在籃框上靜止不動。面對這個狀態，丸田爺爺再次掂起腳尖，伸長了手，將氣球推進籃中。接著他咧嘴一笑，往左後方轉動上半身，確認椅子的位置後才坐下。

我連「危險、小心！」的念頭都來不及出現，這一連串的動作就結束了。不，應該說他的動作來得太突然又太自然，甚至看了也不覺得危險。儘管事實上從站起來到坐回去只有短短幾秒的時間，一個照理說無法取得站姿平衡的人不但掂了兩次腳，還站著轉動了上半身，簡直令人難以置信。

這到底是怎麼一回事？在物理治療師指導訓練下無論如何都無法達成的動作，在休閒治療的遊戲之中卻有可能達成。訓練和遊戲到底有哪裏不一樣？

首先最大的不同是，遊戲中，丸田爺爺的動作是下意識出現的動作。在奶奶們的煽動下，一心只想得分的他不由自主地站了起來。相較之下，復健訓練時做的動作都是刻意去做的動作。那是為了做出原本做不到的動作，刻意去做的訓練，根據的是方法論。當然，很多動作都能在刻意訓練下達成，這是毋庸置疑的事，只是，一定也有出於下意識才能達成的動作吧。尤其是丸田爺爺，針對他的症狀，需要做的是維持與改善平衡感，而想要達到這一點，下意識的動作似乎比刻意執行的訓練更有效。

既然不是訓練而是遊戲，其中自然產生了目的性。正如丸岡奶奶指出的癥結，訓練本身不帶任何目的性，就像之前她說的，只不過是走過去又走回來而已。然而，遊戲之中的動作卻有很清楚的目的性，丸田爺爺的目的就是要把氣球投入籃中。

請大家看看「目的」這兩個字，不就是「目光盯著標的看」的意思嗎？以眼前這個例子來說，視線的目標就是氣球和籃框。這代表什麼呢？代表調節眼球晶體形狀對準焦距的睫狀肌和轉動眼球的肌肉正處於緊張狀態。此外，為了讓臉部隨時跟著目標（氣球）轉動，頸部肌肉也處於緊張狀態。

人體的平衡感由小腦與脊髓掌控，小腦與脊髓又和上面提到的肌肉緊密相連，緊張的肌肉狀態提高了丸田爺爺的平衡能力，只能這麼解釋了。這麼一想就會發現，在動作不帶任何目的性，眼神未聚焦於任何一點的狀態下進行復健訓練時，可能甚至無法達到維持平衡機能的效果。

氣球排球賽

堺敏江奶奶的症狀又稱為「龜背」。彎曲的背部像龜殼一樣突出，走路時身體極端前傾，從正面看不到她的臉，只能看到頭頂往前進的樣子。造成這種症狀的原因是部分的脊椎受到壓迫性骨折，導致骨骼變形所致。骨科醫生做出指示，要求堺奶奶接受復健訓練「改善關節可動範圍」，否則胸部繼續這樣壓迫下去，不但肺活量會降低，連心臟都可能受到擠壓。

於是，復健時我請堺奶奶坐在椅子上，雙手舉到腦後交握，再由我抓住她的手肘，一口氣往後拉。這叫做「胸廓擴張訓練」。

「好痛、好痛、好痛、好痛！」堺奶奶大叫。她的習慣是喊痛時一定重複四次。可是，這時的她身體明明還保持前傾狀態，根本就還沒拉直。

不管怎麼做，看起來都沒有效果。聽了我的報告之後，醫師決定讓她穿上訂製的矯正用束身衣。用束身衣包覆整個彎曲的上半身，希望能拉開蜷曲的背部。沒想到，堺奶奶只穿了半天就脫掉了。她的理由是：「下腹部痛得不得了，飯都不能吃了。」脫掉束身衣之後，她依然故我的彎著身子，依然用日漸稀疏的頭頂朝前的姿勢在走廊上走來走去，還半開玩笑地說「這樣撿東西比較方便」……

某天，院內舉行「氣球排球賽」，號召老人家們共襄盛舉，堺奶奶也決定參加。不過，因為腰痛的關係，前提是讓她坐在輪椅上參賽。

所謂的氣球排球賽正如字面所示，就是把氣球當排球使用的球賽。雖然像正式的排球賽一樣拉開網子分成兩隊比賽，但除此之外沒有其他困難的規則。可以觸網，可以過網打球，傳球超過三次也ＯＫ，有時也會有人用雙手接住氣球再丟回去，這樣也沒關係。這種時候只要故意像實況轉播一樣大喊「又來了！一如往常的犯規招數！」反而更能炒熱氣氛。

坐在輪椅上的堺奶奶雖然守在第一排，畢竟因為身體前傾的關係，怎麼樣也不可能看到前方的狀況，更別說看見從網子對面飛過來的氣球。我在內心如此暗忖，沒想到，當宣布比賽開始的笛聲響起，堺奶奶立刻挺直上半身，頭往後仰，高舉雙手漂亮地擋下一顆從網上飛來的氣球。還有一次，氣球正好從她頭上飛過，為了去追那顆球，她還差點連人帶輪椅往後仰倒。

眼前的景象究竟該如何說明才好？關節的可動範圍不是取決於骨骼形狀及肌肉收縮程度等物理條件嗎？和平衡能力不一樣，不可能只受目的性的有無所影響，照理說也無法單憑下意識而改變。可是，事實就是堺奶奶的上半身確實挺直了。

透過遊戲復健的休閒治療，與分析身體機能、找出問題要素的醫學方法論完全不同。最大的考量重點是好不好玩，有沒有意思，最重要的是整體氣氛是否有趣。如此一來，精神上放輕鬆的老人家們就能自發性地、下意識地將殘留的體能全數發揮。以結果來說，展現出的就是平衡能力和關節可動範圍等個別要素的提升，而且效果比任何平衡訓練，或以加強關節動作為目的的訓練更好。

用「遊戲復健」找回臉上的笑容

當我在特別照護老人安養中心裏為休閒治療的效果瞠目結舌時，也有人在醫院裏體驗了一樣的事。他是我在ＰＴ培訓校的同窗，稻川利光。

稻川兄從培訓校畢業後，進入福岡市內的醫院工作。因為他是該院第一位領有執照的物理治療師，就職時倍受期待。然而，在這個邁向高齡化的時代，那間醫院裏大多數的病患都是長期住院的老年人。這些老人家多半不願意接受復健，稻川兄愈想發揮身為物理治療師的專業，老人們就愈是不去復健。如前所述，不去復健的理由很多，失眠、便祕、頭痛、肚子痛……統統都能拿來當作藉口。

某天，醫院在復健室裏舉行了卡拉ＯＫ大會。結果，那些平常不來復健的老先生、老太太，全都迫不及待地跑來了。看到這一幕，稻川兄心想，原來如此，一點意思也沒有的復健訓練，老人家當然不願參加。如果是既有趣，最終又能達到運動身體效果的活動，或許他們會願意參加。卡拉ＯＫ雖然也能當作改善肺活量的訓練，但除了拿麥克風的手多少可以增加肌力之外，沒有別的效果。那麼，有沒有其他既能增進平衡感、肌力與耐力又好玩的活動呢？對了，不如帶他們玩遊戲吧。好玩的競爭遊戲，一定能讓老人家們身心都動起來。「氣球排球」、「相親曲棍球」、「復健大富翁」、「彈接球」等，都是稻川兄在醫院裏玩過的遊戲。

過了幾年，我和稻川兄等人一起出了一本書，內容介紹這些休閒治療用的遊戲方法與效果。書名叫做《遊戲復健》（醫學書院），是把「遊戲」和「復健」組合起來創造出的新名詞。

此後，「遊戲復健」在老人照護第一線以驚人的速度流行起來。

其實在那之前，老人安養中心一直都有推行休閒治療。只不過推行的人原本是想請專業人士來做物理治療或職能治療，因苦於專業人士不足，在不得已的情形下才用休閒治療取代，或者說也只能進行休閒治療。過去的老人照護第一線，這種「出於不得已的休閒治療」佔了大多數。然而，現在連專業PT與OT都開始推廣休閒治療了。不只如此，遊戲復健更是在他們的專業對老人家發揮不了作用、受到挫折之後，好不容易才找到的方法。既然如此，豈不是該對休閒治療更有信心嗎？因此，照護第一線的工作人員們豁然開朗了。

話雖如此，休閒治療做起來並沒有想像中那麼簡單。尤其對ＰＴ來說更是不容易。既然是休閒治療，一定要讓老人家樂在其中才行，如此一來，過程中當然必須面帶笑容。問題是，從事醫療工作的人往往認為自己不能在患者面前嘻皮笑臉，因此很難營造出歡樂的氣氛。為了解決這個問題，我試著參加休閒治療協會舉辦的研習，也開始找講師請教學習。他們不愧是休閒治療專家，非常擅長營造歡樂的氣氛。原本我以為「那一定是天生性格使然」，認定個性陰沉的自己還是及早放棄比較好，是他們教會了我不要試圖站在指導的立場，而是要跟著大家一起同樂。如此一來，就能把氣氛炒得很熱鬧了。

只要嘗試過一次休閒治療就無法放棄，因為當場就能看出老人們身上產生的變化。看到被周遭認為封閉在自己世界裏的山口爺爺朝氣球伸出手時，簡直像是親眼目睹奇蹟；看到在那之前從來沒笑過的人放聲大笑的時候，自己也會開心得不得了。前來觀摩休閒治療的舍監阿姨看到老人家笑了，驚訝得帶其他舍監阿姨一起來看，這種事發生過好幾次。「你們看，田中奶奶笑了！」「咦？真的假的！我不敢相信！啊、真的耶，原來她笑起來是這種表情。」「要是照顧她的時候也能露出這種笑容就好了」。後來舍監阿姨跟我說，這番交談後不久，在幫田中奶奶洗澡時她真的笑了。

「休閒治療是找回笑容的第一步。」這句話變成我們安養中心的口號了。

最重要的事無法用數字來衡量

話雖如此，在照護第一線受到熱烈歡迎的休閒治療，在同行的PT及OT面前，卻只得到冷言冷語的奚落。

「身為專家還做那種外行人就能做的事」、「說什麼找回笑容，笑容那種東西一點也無法從客觀的角度評價」、「不科學」……這些話都被說過。

參加學會時，發表者播放的投影片上往往列出一行又一行的數字，為的是證明自己做的事有多麼符合科學性。因為那些效果都能經由數據資料獲得客觀角度的證明。他們想說的就是：沒有客觀數據資料佐證的事都稱不上科學。

沒錯，笑容確實無法量化為數據資料，更別說是閃閃發光的眼神。可是，重要的難道不是這些事嗎？能讓一個人發自內心笑出來，我認為這已經是非常客觀的效果了。但是對那些同行而言，讓一個笑不出來的人關節伸展十度才是更重要的事。「最重要的事是無法用數字來衡量的。只有在面對科學時相當自卑的人，才會一味追求科學依據吧？」我們提出這樣的反駁，繼續提倡我們的休閒治療。

意想不到的是，有趣的事發生了。隨著時代改變，笑容的效果開始獲得科學實證。原來，笑能提高人體對疾病的免疫力，還能延緩癌症的惡化，甚至具有改善類風濕性關節炎的效果。過去我們提倡的「創造笑容」訴求，原來真的是有科學依據的。

在此提出結論。科學是後來補上的東西，第一線的實際感覺更早於科學實證。或者可以說，實際感覺本身就是科學依據。換句話說，只懂得追求科學依據的人，只能實踐五年前或十年前的事情。

對了，想知道那位領先十年開始實踐的稻川利光先生現在在做什麼嗎？事實上，他當上了醫生。當時他訴求的是：「PT或OT的做法對老年人來說太落後，今後的老人照護需要的是『唱歌跳舞的ET（Entertainment Therapy，娛樂治療）』。」這樣的訴求在全國照護工作者間引起極大的迴響，甚至舉辦了「日本ET學會」，然而，他的主張在自己工作的場合卻未必受到歡迎。

當然，他所接觸的老年患者都充滿活力，還有人甚至可以出院回家。在他進行休閒治療的集體指導時，其他工作人員也會去醫院之外的地方家訪，基本上，工作進行得很順利。問題是，醫生對他的評價卻很糟，不是批評他「還以為你很認真，原來只想玩」就是「醫院是學術場合，不是讓人遊玩的地方，這樣會造成我們的困擾」。

這時，他竟然說「看來得靠自己當醫生才行了」，真是拿這種聰明人沒辦法。即使如此，他還是花了三年的時間才考取醫師執照，目前以同時具備PT資格的醫師活躍於醫界。包括醫師執照國考前夕，因為腰痛宿疾惡化而動了手術，當天躺在另外一間房間考試等等小插曲在內，他戲劇化的經歷還曾經被拍成紀錄片，搬上電視螢幕。說到這裏，想必一定有人已經發出「啊，原來是那個人」的驚嘆了吧。確實如此，他的人生真的非常戲劇化。

當他為了考醫學院而開始用功讀書時，我則開始與「居家照護」這個領域艱苦奮戰。把我拉進這個世界的，是被稱為保健護理師的那群人。

第四篇

住在家裡的老年人更堅強——居家照護的啟發

12「比給我一千萬更好」

被人牽著鼻子走

車子開進鎮上主要地區的商店街，可還是找不到我的目的地。慢慢地離街區愈來愈遠，車子再次開上被田地圍繞的鄉間小路。「是不是看漏了，要不要回頭重新找過」，就在我開始這麼想時，正好看見「〇〇鎮公所」的標示，不久，那棟木造的老舊公所建築出現在眼前。

話說回來，這鎮公所的建築還真老舊，通往二樓的階梯吱吱作響。就在我往上走時，保健護理師A小姐也走到樓梯間來迎接我了。

「初次見面，請多指教。」我說。「這裏離鎮中心好遠，我還以為自己走過頭了呢。」這麼一說，A小姐便回應：「就是這樣啊，一般來說公所都應該設在城鎮中心最熱鬧的地方才對吧？其實啊……」據她所說，這個鎮由兩個村子合併而成，當時為了公所應該設在哪裏引起一番爭執，最後只好設在兩村交界處。

「直到現在兩個地區的敵對意識還是很強烈，每逢鎮長選舉時都會鬧得不可開交唷。」這麼對我說明的A小姐，是一位年長我幾歲，在保健護理師的世界裏以「幹練」聞名的人。

我以為彼此是第一次見面，沒想到她卻說早就認識我了。原來是我在PT協會主辦的研習會上開講時，她曾經是台下的聽眾。

「當時我靈光一閃，一聽三好先生說每個月有幾天可以到地方上工作，當天立刻就說服我們副鎮長了。」

A小姐打電話給我，是在兩個禮拜前。老人保健法成立後，鄉鎮市公所的保健護理師們開始有對區域內的臥床老人進行家訪及開辦自立訓練教室的義務。A小姐打電話給我，是想委託我協助自立訓練教室的設立。與其說是委託，電話裏的她其實以半強迫的語氣這麼說：「預算已經撥下來了，要是你不來，那我可就傷腦筋了。」

我開出「不只自立訓練教室，也請讓我跟著去家訪」的條件，A小姐說「那更是求之不得」，就這樣達成協議。今天是我們第一次碰面的日子。

「今天請你來，除了簽訂合約之外，無論如何有一個家訪希望你能同行。今天下午就麻煩你了。」A小姐的態度還是一樣強硬，兀自牽著我的鼻子走。不過，如果是這個人的話，即使被牽著鼻子走也值得。

課長、副鎮長、鎮長、社會福利協議會實務局長、會長……她帶著我一一介紹，走在走廊上或上下樓梯時，遇到的每個人都會跟她聊兩句。

「前些天承蒙您照顧，真的幫了大忙。改天會再正式來道謝。」「又有事情要麻煩您啦，下星期可以找時間跟您商量一下嗎？」

到公所來辦事的民眾也各個都有事找她。

「A小姐，偶爾也來我家坐坐啊，阿富奶奶很想妳喔。」「A小姐，有空到我們老家去一趟吧，我大哥的血壓好像又飆高了。」

不只在鎮公所裏是這樣，即使是在鎮上開著車，也會有人攔下車子跟她說話。

「剛才這位是地方上的民生委員，先前遇到的則是健康促進委員，等一下要繞過去的地方是婦女會會長家。在這鎮上，大家都互相認識。」開著鎮公所的輕型汽車，駕駛技術有點粗暴的A小姐這麼對我說。

「這樣豈不是不能做壞事了。」

「是啊，年輕男女在咖啡店裏一起喝個茶就會被傳成要結婚呢。」

「聽好了，你就是權威。」

A小姐委託我共同家訪的是一位八十歲的老太太，據說患有嚴重的類風濕性關節炎，一直躺在床上。之前，保健護理師到她家家訪時，就勸她也來參加自立訓練教室，但跟她一起住的長男卻以「絕對不可能」為由堅持拒絕。長男在學校教書，是個自尊心強的人，認為只要接受了保健護理師的指導，就等於否定過去自己和家人的照護，這點似乎令他難以忍受。

「家母已經八十歲了喔，類風濕關節炎也得了二十幾年，現在要她外出是絕對不可能的事……他是這麼說的。連讓老太太坐輪椅也不願意。」A小姐說。

「老太太本人的意思呢？」

「她本人頭腦還很清楚，對我們的提議也很有興趣。有一次都已經同意出門散步了，卻被那位大兒子極力反對，老太太顧慮兒子，也不敢多說什麼。」

「那我今天去的任務是？」

「請你看一下老太太的身體狀況，跟她大兒子說明老太太完全可以坐輪椅，也可以參加自立訓練教室。中午休息時間大兒子會回家一趟，現在應該已經在等我們了。我跟那位大兒子說會請廣島來的專家幫老太太診斷，你就當作是這麼回事吧。面對抱持權威主義的人只能用權威來說服他，聽好了，你就是權威。」

唔，好像又被她牽著鼻子走了。這下我必須裝出一副專家的嘴臉，說服那位在學校當老師的「大兒子」讓老太太坐輪椅和參加自立訓練教室。早點告訴我的話，今天還可以打個領帶出門。幸好帶了名片，一定要裝模作樣地遞出名片才行。一邊想著這些事，一邊跟著保健護理師A小姐及看護走進那戶人家。

不料，不管怎麼喊都沒人出來應門。那位大兒子似乎還沒從學校回來，眼見她們兩人已經擅自進屋了，我也只好趕緊跟著進去。八十歲的安野奶奶就躺在最裏面的房間床上。

「心情比得到一千萬還要高興」

安野奶奶因為長期罹患類風濕性關節炎，雙手都已變形，不過她還是一臉笑咪咪地跟我們聊天，似乎很高興有人陪她說話。問題是，最重要的大兒子一直沒回來。

我不經意地環顧屋內，看到一輛輪椅放在房間角落。一問才知道，那輛輪椅一直用到幾年前，現在因為實在無法坐起來只好放棄。於是我想，與其花費唇舌說服奶奶的大兒子，不如實際讓她坐上輪椅，畢竟事實勝於雄辯。

「安野奶奶，雖然很久沒坐了，要不要坐上輪椅試試看？就我的觀察，妳完全沒問題，應該可以坐輪椅喔。不過，如果會痛的話請跟我說，畢竟每個人對疼痛的忍受度不同嘛。」我這麼說服她，A小姐和看護已經把輪椅拉出來了。因為長久不曾使用，輪椅上積滿灰塵，她們拿起抹布擦拭。

為了把老太太搬到輪椅上，我請她用手摟住我的脖子。或許是太用力了，老太太稍微皺起眉頭，幸好總算安穩地讓她坐上輪椅，安野奶奶臉上又露出微笑。

「去外面散散步吧。」我如此提議，看護立刻在奶奶腿上蓋上小毯子，保健護理師也幫她套上襪子。

拉開紙門，推下庭院時要讓輪椅正面朝向室內。很多人都認為使用輪椅時地面的高低落差會造成行進障礙，其實如果只有一個高低差，輪椅多半能夠應付。遇到像樓梯那樣連續落差的地方，輪椅固然無法通行，如果只有一階，即使是超過三十公分的落差，雖然需要一個人從旁協助，輪椅還是可以上上下下，只要懂得訣竅，反而遠比使用斜坡板簡單又安全。

因此，只要能讓老人家坐上輪椅，就能讓她獲得更寬敞的生活空間。對住在鄉下的人來說，屋外的庭院或許稱不上廣大，看在都市人眼中已經夠令人羨慕了。我推著輪椅，帶老太太在院子裏轉了一圈。這兩三天雖已進入梅雨季，所幸這天是個晴朗的好天氣。

「那邊的皋月杜鵑是我以前種的喔，哎呀，都長這麼大了。」說著，安野奶奶瞇細了眼睛。

「呀，真舒服，心情比得到一千萬還要好。」

大家都很開心。能看到這教人打從心底開心的一幕，我從事的真是一份好工作。不過，我還是俗氣地在內心計算了起來。「這樣啊，一千萬啊。那到目前為止已經幫助十幾個臥床多年的老人家走出戶外，這份工作的價值豈不是值一億好幾千萬？」

人需要同伴才會打起精神

就在此時，奶奶的大兒子回來了。原來是學校臨時開會，延遲了時間。對剛回到家的大兒子來說，眼前的景象簡直匪夷所思。他明明說過「讓她坐輪椅是絕對不可能的事」，眼前安野奶奶卻笑咪咪地坐在輪椅上。原本似乎想抱怨我們的他，看到安野奶奶那麼高興的樣子，結果什麼都說不出來。

「奶奶已經坐在輪椅上三十分鐘了，一點問題都沒有。看來也可以去訓練教室喔。單程開車只要二十分鐘，到了那邊也有床可以躺。」保健護理師努力說服奶奶的大兒子。我也趁機掏出名片，「老太太的關節可動範圍和坐姿維持都沒有問題，相信馬上就能提升肌耐力了。」我故意夾雜幾個聽來艱澀的專有名詞。

「這樣啊，既然您都這麼說了……」大兒子似乎被我們半強硬的態度說動，終於答應讓母親離開家門，參加自立訓練教室。

回程的車內，保健護理師A小姐鳳心大悅。

「幸好奶奶的大兒子晚回來呢！這就是所謂『趁鬼不在時洗衣服』吧。比起改變對方的想法，不如直接用行動表示最快。見到安野奶奶笑咪咪的表情時，大兒子那副不知所措的樣子……你也看到了吧？」

一位老人家的人生即將就此改變，就算這麼說也不為過。不管同住的親人對她再好，過著不出家門的生活，人一定會逐漸失去活力。即使有看護和保健護理師定期家訪，老人家還是會愈來愈沒精神。

為什麼會這樣呢？因為看在老人家眼中，無論家人或來探訪的人都遠比自己年輕健康。如此一來，難免陷入自怨自艾的情緒，認為「自己是世界上最不幸的人」。

人需要有同伴才會振作。老人家需要看到和自己一樣上了年紀，和自己一樣身體有障礙的人，心理才會平衡。這種橫向的人際關係對他們來說是必要的。

實際上，有些原本不出家門的人，只不過是參加了自立訓練教室或前往日間照顧中心，立刻判若兩人似的精神起來，雙眼閃閃發光。所以我們總是會傾注全力協助老人家外出。

說服對方家屬時必須訴諸道義人情

要說服權威主義的人就要利用權威主義。自從有了安野奶奶這次的經驗後，我又扮演了好幾次「廣島來的厲害專家」，用這種方式說服老人家們頑固的家屬。這種時候，曾加入戲劇社的我的演技就派上用場了。

「雖然我不喜歡權威主義，只要結果是好的就好。」A小姐這麼說。

不過事實上，我們最常使用的並非扮演權威，而是訴諸道義人情的方式。鄉下人特別有人情味，這套方法很管用。

「要是我們鎮上明明有老人家臥床不起，我卻不能說服他們去日間照顧中心的話，鎮長會罵我的。因為鎮長他自己也會被厚生大臣罵。拜託了，就當作是給鎮長和我一個面子吧。」鎮公所課長老是這麼到處拜託鎮民。「既然鎮公所的課長都這麼說了，總不能連一次都不去。」只要能讓對方產生這種想法，事情就搞定了。

這時，原本我以為要直接回鎮公所的車，不知為何卻越過了一座小山角。

「我們去喝杯咖啡吧。」A小姐一邊這麼說，一邊把車開到隔壁鎮。她說的咖啡店就在國道旁。「鎮上沒有咖啡店嗎？」我這麼一問，旁邊的看護小姐就笑了，指著保健護理師A小姐說：「有是有啦，不過會來這裏是有原因的。」A小姐正不知從哪裏掏出一包七星，點燃一根菸，心滿意足地抽了起來。「指導鎮民戒菸的保健護理師自己怎能在鎮上抽菸呢？到這裏來才沒人認識我們啊。」說著，看護小姐也掏出了一包**hi-lite**。

13 草蓆坦克車

「重要的不是數據資料，是人的獨特性」

教導民眾戒菸的保健護理師自己卻喜歡抽菸，想抽菸時只能跑到隔壁鎮上抽，這樣豈不是自相矛盾嗎？我試圖勸這樣的A小姐改掉「惡習」，她卻有一套自己的道理。

「吸菸者罹患肺癌的機率確實比不吸菸的人高，可是也不能因為這樣就說不吸菸的人一定活得比較久啊。畢竟，那種比較方式是把吸菸者和非吸菸者當作同一種人來思考。」

「不是一樣都是人嗎？」我說。

「我覺得非抽菸不可的人跟不抽菸也沒關係的人不是同一種人耶。非抽菸不可的人壓力比較大，其中也不乏口腔期時被迫斷奶，留下心理創傷的人。其實，叫這類人戒菸反而會增加他們的心理壓力，影響健康導致死亡率提高，已經有資料證實這個說法了喔。我只是因為正好從事保健工作，不方便對外公開吸菸習慣而已。」

「是喔。」

「再說，數據資料這種東西只是平均值吧？對每個人的獨特性視若無睹啊。南丁格爾也有說過，我找一下，你等等……是哪一段啊……」說著，A小姐拿出南丁格爾的著作《護理筆記》，對從事護理工作的人來說這可是名著。

「這裏、這裏。」在她翻開的書頁上，有下面這麼一段記述。

所謂的「平均」，有時反而會擾亂我們的思考，使我們輕忽縝密觀察的重要性。比方說「平均死亡率」，單純只是告訴我們這個城鎮或那個城鎮一年內死亡人數的百分比。如此一來理所當然的，關於A或B是否算在裏面，光看「平均值」是看不出來的。舉例來說，我們可以從平均值推測接下來的一年內，倫敦每千人中可能會有二十二到二十四個人死亡。然而，若設定各種條件做更詳細的調查，我們可能會發現某個地區、某條街——甚至可以更清楚的說出是那條街的靠近哪一側，或是哪一棟房子裏的幾樓——死亡率比其他地方高。換句話說，那裏發生的死亡可能不是一般達到一定高齡的衰弱死亡，而是出於其他原因。

——引自《護理筆記》

「你看，重要的不是數據資料而是獨特性啊。比起吸菸者的平均值，香菸對我來說是比什麼都要寶貴的東西。」A小姐說。

要是讓A小姐說的話，似乎連南丁格爾都能拿來當作吸菸正當化的根據了。

話雖如此，南丁格爾這篇文章寫得真好。簡直就像在諷刺某個以為只要收集數據資料就能顯示專業的學會嘛。同時，這篇文章也徹底說出我剛從安養中心領域轉換到居家照護領域的心聲。

在安養中心，無論多麼強調「獨特性」，眾人終究具有「統一性」。正因為無論如何都具有「統一性」，所以非得強調「獨特性」不可。畢竟所有人都住在同一個屋簷下，睡同樣型號的床，誇張一點的安養中心連服裝、髮型、吃的食物全都統一了。

相較之下，居家照護的情況完全不同。每個人住在不同屋簷下，與各自的親人同住，擁有各自不同的文化，打從一開始就過著各自獨特的生活。面對這樣的照護對象時，數據資料什麼的根本派不上用場。當然也不可能拿適用於安養中心的方法論來套用。別說套用了，居家照護領域中的方法論遠比安養中心更多樣、內容更豐富。

鋪墊被睡覺，生活空間才能遍及整個家

三個月後，保健護理師A小姐帶我造訪七十七歲的山田辰奶奶家。山田奶奶因為腦中風的緣故，已經半身不遂六年了。聽說平常吃飯都是靠先生照顧。

「山田先生說這是他年輕時外遇的報應喔。」A小姐笑得很樂。

「午安！」

一如往常地，保健護理師脫鞋子進屋的速度總是比開口寒暄還快。我原本認為，

能成為保健護理師的人，一定是護理師中特別優秀又有服務精神的人。實際上也是如此，除了護理師執照之外，還得通過保健護理師培訓校的考試，畢業後再考取一張保健護理師執照，否則無法成為保健護理師。

「請問一下，是不是只有特別厚臉皮的護理師才能成為保健護理師啊？進人家家門時毫不猶豫耶妳。」

我這麼一說，A小姐就哈哈大笑：「沒錯，還有特別討厭值夜班的護理師。」

說的也是，在醫院工作的護理師得輪值夜班，保健護理師則只有白天工作。話雖如此，考慮到鎮民的方便，鎮公所舉辦的健康教室晚上八點才開始上課，遇到農忙時期，也會將健檢時間提早到早上六點，在鎮公所服務的保健護理師絕對不是一份輕鬆的工作。

山田奶奶在房間裏鋪著墊被睡覺。醫院和安養中心的入居者睡的都是西式床鋪，對我來說，光是這一點就很新鮮了。

「睡床不是比較方便嗎？」我這麼問。「這樣比較方便蹭行。」兩夫妻異口同聲這麼回答。

別說走路，重度麻痺的山田奶奶連站起來都有困難。不過，她還可以坐在地上磨蹭著前進。目前「蹭行」這個字禁止在大眾傳播媒體上使用（譯注：原文在日文中有歧視殘障者的意思，因而遭到禁用），還曾發生參加NHK電視台錄影時，節目單位希望我用其他詞彙代替的事，記得當時只好改成「坐著移動」。簡單來說，蹭行就是盤腿坐在榻榻米上，用行動自由的那隻手撐在地上，抬起臀部往前移動的方式。

我恍然大悟，選擇在榻榻米上鋪墊被而不使用西式床鋪，為的是方便山田奶奶在家裏自由移動。如此一來，她的生活空間也大大增加了。如果使用西式床鋪，所有生活起居只能在床上進行，更別說是照護專用的那種窄床，一旦躺上去，恐怕會就此臥床不起。

「不過最近她連蹭行的動作都變慢了，光從這裏到廚房就得花上二十分鐘。」山田先生說。「上次好不容易蹭到廚房，味噌湯都涼掉了。」山田奶奶自己也很沮喪。

「所以我們才找A小姐商量，結果她建議請PT來幫忙看看。我本來不知道PT是什麼，還以為是家長會的PTA，搞不懂請PTA的人來是能幫忙看什麼？原來PT指的是幫人家復健的物理治療師啊。」

這位老爹真是有趣。

「任何訓練都比不上生活行為」

我請山田奶奶示範一下平常是怎麼在家中蹭行的。只見她從墊被上起身，先移動到榻榻米上，旁邊就是通往隔壁房間的紙拉門。打開拉門後，朝隔壁的大和室蹭行過去。穿過那間房間，又會遇到一扇木頭拉門，拉開拉門就是廚房了。廚房裏放有小矮桌，山田夫妻平時就在那裏吃飯。接著，山田奶奶再從那裏蹭回自己的房間。

看了之後，我真是徹底地佩服她，也完全明白半身不遂狀況堪稱嚴重的她，為什麼還能保持這麼好的氣色，身體看起來也很健康，原來原因就在這裏。每次吃飯都要花二十分鐘蹭行到廚房，吃完又得再蹭回寢室，這樣的運動一天三次，一年三百六十五天重複進行。

光靠復健訓練很難確保如此充足的運動量。追根究柢，一點意思也沒有的復健原本就不容易持續。可是生活行為不一樣，生活行為帶有目的性，想吃飯就得蹭行到廚房去，吃完飯想躺一躺又得蹭回寢室。就心理學層面來說，行為動機也很充分。

「要不要試著把寢室搬到廚房旁邊呢？」我如此建議。可是山田夫妻說那裏是客房，婉拒了我的提案。

唔嗯，真是傷腦筋啊。對於麻痺症狀這麼嚴重，自己又已努力做出這麼多生活行為的人，我實在說不出「再多加油」的話，也不想當一個那麼冷酷無情的PT啊。無計可施的我視線低垂，榻榻米的縫線正好映入眼簾。

「何不把榻榻米轉個方向，讓縫線的走向跟前進方向一致，在上面滑動起來或許會比較輕鬆？」我這麼說。「這個提議不錯耶，我都沒發現。馬上來試試看吧！」老爹立刻做出反應，採取行動。

不知為何，寢室與廚房中間大和室的榻榻米縫線方向正好和山田奶奶的前進方向形成九十度角。我和老爹攜手合作，將榻榻米一張一張搬起來轉換方向，重新鋪過。這麼做屋內自然掀起漫天塵埃，保健護理師A小姐只得忙著擰抹布擦拭。

「來，改成這樣試試看？」我請山田奶奶蹭行看看，她卻露出難以言喻的表情。

「如何？」我滿懷期待地問，得到的回答卻是：「手會滑，還是原本那樣好。」

不用說，我和老爹只好再把榻榻米全部恢復原狀。

結果我一點也沒幫上山田奶奶的忙。可是，山田奶奶反而幫了我一個大忙。

首先，我從她身上得到靈感，想出了一個口號——「任何訓練都比不上生活行為」。同時，她還讓我對蹭行這個動作刮目相看。

匍匐爬行、蹭行或跪爬等動作，向來只被視為順利步行之前的非正式移動方法。實際上也是如此，在醫院和安養中心這類使用椅子和病床的西式生活環境中，除了步行與輪椅之外，其他的移動方法都不實用。在醫院或安養中心內蹭行的人會被當成「遊蕩」，是要強制躺在床上不動的。

相較之下，在日本家庭裏的榻榻米上蹭行不叫「遊蕩」，而是一種非常自然的移動方式。我開始認為，不認同這種移動方式的醫院和安養中心反而違反自然。

活到一百歲也不失去生活欲望

「三好先生，能不能再跟我去拜訪另外一家？有個想勸她去上自立訓練教室的對象，可是對方就是不大願意外出。另一方面啊，我又覺得那個人好像不出門也沒關係。」

A小姐說了耐人尋味的話。我向來主張閉門不出的老人家會逐漸失去活力，所以才像這樣家家戶戶拜訪，說服他們出門參加自立訓練教室。為什麼A小姐卻說對方「不出門也沒關係」呢？

「就快到了」，A小姐這麼說著，帶我繞過山谷，翻過一座山頭，好不容易抵達的是位於山腹裏的一戶獨棟農家。屋子四周有打理得很好的菜園，一對夫妻頭上蓋著毛巾再戴上草帽，正揮汗如雨地工作著。一看到鎮公所的車就停下手邊的工作，回到屋子這邊來。

A小姐先寒暄了一陣蔬菜的狀況，才終於將我介紹給對方。她說：「想讓他見見奶奶。」

「奶奶在後院喔。」那位太太這麼說。保健護理師A小姐馬上帶我繞到屋後。

聽說奶奶今年要滿九十一歲了，只是似乎從八十五歲之後就搞不清楚自己的年紀，宣稱自己「今年要滿一百歲了」。聽這家的太太說，上個時代的人往往出生好幾年才報戶口，說不定奶奶今年真的要滿一百歲了。幾年前奶奶因為膝蓋疼痛，開始不能走路。可是，工作欲旺盛的她非常想下田幫忙，所以就把除草的工作交給奶奶。

「看著吧，你一定會嚇一跳的。」A小姐的語氣驕傲得像在炫耀什麼。

「奶奶」就在屋子後方的田地上。一張榻榻米大的草蓆鋪在地上，她就跪坐在上面拔草。仔細一看，草蓆上還放著另外一張捲起來的草蓆。

「這是什麼呢？」我指著捲起來的草蓆問，「奶奶」告訴我：「這邊的草拔完之後，就像這樣換到下一個地方啊。」說著，將原本捲起來的草蓆攤開，鋪在現在坐的草蓆前面，再以蹭行的方式移動過去。移動完畢之後，將原本那張捲起來放在腳邊，換個位子繼續拔草。手邊的雜草拔完了，就再次攤開捲起的草蓆移動位置。

「只要像這樣帶著兩張草蓆，她可以幫我們拔上一整天的草。有時突然下起雨來，我就得趕緊回來收衣服和收奶奶。」這家的太太這麼說。

「你看，是不是很厲害啊，三好先生。」A小姐說。

嗯，我決定稱這位奶奶為「草蓆坦克車」。比起強調蹭行的動作有多實用，我更想強調的是這裏有一位活到一百歲仍堅守工作崗位，過著充實的生活，絲毫不曾失去生活欲望的堅強人類。

14 大鐵鍋澡盆上的吊環

資質比資格更重要

在必須去隔壁鎮抽菸的保健護理師A小姐服務的鎮公所裏一共有六位看護，其中最資深的是W小姐，此人的「幹練」程度與A小姐相比毫不遜色。

她最厲害的地方，就是不管和哪個老人家都能立刻相處融洽。老先生也好，老太太也好，臥床不起的老人家也好，失智老人也好，她都能馬上和對方變成朋友。這只能說是天性了。

如今在照護這行的世界裏，有執照的人聲音最大，幫助取得個人助理員或社福人員執照的培訓學校如雨後春筍林立。然而無論接受多少教育，和老人合不來的人就是合不來。相反地，和老人合得來的人就算什麼都沒學過，也能一下子就了解對方的心情。在這個領域，資質比資格更管用。

以資質來說，W小姐絕對是個一流的照護工作者，這點毋庸置疑。但是該怎麼說才好呢？或許該說這就是原因嗎？這類人往往就是拿不到資格執照。她考過兩次個人助理員資格考，兩次都落榜，而且聽說都是敗在實技測驗。有二十年看護經驗，資質一流的W小姐卻考不過實技測驗，這到底是怎麼回事？明明厚生省應該捧著執照來拜託她「請您務必接受」才對吧。

閉門不出好幾年的人更容易「出事」

這位W小姐只要一負責照顧老人家，馬上就會帶對方出門散步。就算是臥床不起的老人也一樣，二話不說。聽說曾經遇到一位躺了十五年，躺到背部都僵硬無法彎腰的老先生，她還是向鎮上的特別照護老人安養中心借來可以把椅背完全放平的輪椅，就這樣推出去散步。

「聽到『出去散步好嗎』，基本上沒人會回答『好』。畢竟那些老人家別說外出了，有人甚至好幾年沒下過床。冬天他們會嫌冷，可是這種人到了夏天又會嫌熱，春天和秋天則是用想睡覺當藉口。所以我才不管這麼多，天氣冷的話穿暖一點，天氣熱的話撐陽傘出門就好了啊。」她這麼說。

「您真是太厲害了。」我這麼一說，W小姐就回以：「還差三好先生您一大截呢。我可還不敢打那個安野奶奶的主意。」

W小姐指的是罹患類風濕性關節炎，在學校當老師的大兒子堅決反對她坐輪椅的那個老太太。

「其實啊，後來那個大兒子跑去跟我們課長抗議，很生氣地說什麼『竟然擅自闖入我家，還自作主張把家母推到院子裏』。幸好事前已經跟課長報備過了，所以課長能夠理解，只是不得不跟對方說是三好先生熱心過頭，作風才會強硬了點，麻煩三好先生配合一下啊。」W小姐偷偷把職場上的內幕告訴我。

看來我在不知不覺中扮了黑臉哪。不過，其實我也希望她們這麼做。因為，對保健護理師和看護小姐們來說，無論工作還是生活，她們依然屬於鎮民的一份子，今後也必須和鎮民保持良好的人際關係，任何可能破壞她們感情的事都應該避免去做。然而，像安野奶奶那種個案，如果不用強硬的手段豁出去做些什麼，將無法解決老人家臥床不起的現狀。這種時候，像我這樣一個月只來一次的人就派得上用場了。就算我用的手段稍微強硬一點，也不用擔心破壞保健護理師或看護小姐與受照護的老人家及家屬的人際關係。相反地，我還希望她們最好和對方一個鼻孔出氣，抱怨幾句「三好先生有時是比較沒社會常識啦」也沒關係。

雖然手段強硬，只要能順利達到目的就ＯＫ。我們的策略是，如果不順利就全部怪到我頭上，下一次再努力嘗試看看。

Ｗ小姐繼續跟我分享她的職場內幕。

「我跟上一任課長不合，他每次聽到我帶老人家出去散步就會生氣，老是罵我：『萬一出了什麼事怎麼辦？居家看護的工作在家裏做就好，不用出門！』可是他說外出會『出事』，我覺得好幾年閉門不出的人才處於『容易出事』的狀態咧。所以我都把他說的話當耳邊風，照常帶老人家出門散步。沒想到有一天，我用輪椅推一個八十

經濟新潮社
全　書　目
改變我們生活的科技創新
當人類把生命交給人工智慧的那一天來臨……

自駕車革命：
改變人類生活、顛覆社會樣貌的科技創新

從自動輔助駕駛到完全無人駕駛
圖解・案例・商機・生活場景・徹底解析

作者｜霍德・利普森，梅爾芭・柯曼
譯者｜徐立妍
定價｜480元

科技選擇：
如何善用新科技提升人類，而不是淘汰人類？

商業周刊1617期書摘推薦
一本書，讓你我思考新科技的現在與未來，
指引我們如何善用新科技，做出更好的選擇。

作者｜費維克・華德瓦，亞歷克斯・沙基佛
譯者｜譚天
定價｜380元

八歲的川口奶奶出去散步的時候，不巧遇到休假中的課長。結果那位川口奶奶笑咪咪地稱讚我說『多虧有她，我變得比以前有精神多了』，課長聽了也無話可說。最氣人的是，那傢伙竟然說的一副都是他的功勞似的，真是夠了。」

到底是怎麼走到浴室的？

W小姐一邊開車一邊和我聊天，不知不覺車子開進了深山裏。

「對了，我們現在要去家訪的是怎樣的個案啊？」我問她。

「我正要說，是關於入浴時的問題，想請你提供一些意見啦。平常都是太太幫忙洗澡的。」

這次的個案田村公平先生七十歲，去年腦中風住院，六個月前出院回家。照顧者是他的太太田村糸女士，六十八歲。平常只有夫妻兩人同住。現在公平先生左半身麻痺的情況很嚴重，連站立都有困難。雖說他也過著睡覺時鋪墊被，坐的時候使用和室椅的日式家居生活，但因為體重太重的關係，沒辦法像山田奶奶那樣用蹭行的方式移動。

最令人吃驚的是在看到他家浴室的時候。原來，他們用的是叫做「五衛門風呂」的大鐵鍋澡盆。連我都好久沒看過這種澡盆了，也難怪最近的年輕人根本不知道那是什麼。聽說有一次，年輕的保健護理師前來家訪，看到這個鐵鍋澡盆時竟然說：「哇，用這麼大的鍋子要煮什麼呢？」不只如此，這個像大鐵鍋的澡盆直接放在地上，必須先踏上旁邊一個高於地面的台子才能踩進澡盆。台子距離地面的高度大約三十五公分，距離澡盆邊緣也差不多三十五公分。要進入澡盆洗澡，首先得克服這兩段高低落差才行。

「平常都怎麼洗澡的？應該說到底是怎麼走到浴室的？」聽我這麼一問，田村太太就說：「不然直接示範給你看吧，」很快地在公平先生腰際纏上一條皮帶。

看來她是用拉腰帶的方式協助公平先生行動。公平先生伸出行動自如的右手往榻榻米壓，可惜沉重的臀部幾乎抬不起來，麻痺的左腳也跟不上身體的行動，只能拖在地上。

只見太太用力抓緊公平先生腰間的皮帶，嘴上大聲吆喝著「好！」配合她的吆喝聲，公平先生的右手再次壓向榻榻米。這時，太太用力將皮帶往上拉，抬起他的臀部向前移動。不只如此，太太更同時伸出右腳，將公平先生拖在地上的左腳往前踢。「好！」踢，「好！」踢……就這樣移動到了澡盆邊。

問題是那兩個三十五公分的高低落差該怎麼辦。我的擔心是多餘的，接下來太太背靠台子，用比剛才更宏亮的聲音對公平先生喊了一聲「好！」，轉眼之間，他的臀部已經抬到台子上了。接著，太太再次大喊一聲「好！」，一轉眼，公平先生的臀部便坐上了鐵鍋澡盆的邊緣。該稱讚他們夫妻默契絕佳嗎，吆喝與行動的時機掌握得太精準，真是夫妻同心，其力斷金啊。

但是，還有一個問題。大家都知道五衛門風呂這種澡盆就像鍋子一樣，加熱時直接在下方燒火，所以泡澡時背部絕對不能直接靠在澡盆邊上。對難以維持平衡坐姿的公平先生來說，要怎麼穩穩地泡在洗澡水中呢？

此時我不經意地抬頭，看見天花板是掀開的，直接露出底下的屋梁。一條長長的帶子從屋梁上垂下，上面綁著一個不知從哪拿來的公車吊環。

「他會抓著這個泡澡喔。」太太這麼解釋。

重視老人的意思其實是……

話說回來，鄉下的太太真的好努力啊。照顧體重超重的丈夫也沒有半句怨言，和她比起來，都市人真是太弱了。

不過，真的有必要這麼拚命嗎？

「有沒有想過把浴室改建得更方便呢？應該可以跟鎮公所申請補助吧？」我這麼問。

「對啊，醫院和保健護理師都有建議我們改建浴室。可是外子在住院的時候說過『真想再用家裏那個澡盆洗澡』，回家後我們就想先試試看能不能照樣用。一試之下發現也不是沒有辦法，就這麼洗到現在了。不管怎麼說，這棟房子當初蓋的時候也是他設計的，對浴室也有一份感情了吧。」太太這麼回答。「是啊、是啊。」公平先生也在一旁頻頻點頭附和。

是啊，重視老人的意思，其實就是重視每一位老人的生活習慣。除此之外，別無其他。就像公平先生靠太太的協助使用鐵鍋澡盆洗澡，既然這件事對他而言具有特殊意義，我們也不該一味認定浴室就得改造成適合障礙者使用的形式。

「我跟他們說了，等哪天太太或先生覺得體力已經到了極限，隨時都可以送出改造申請書。」看護W小姐這麼說。

「畢竟兩個人加起來一年就老兩歲，哪天可能真的要麻煩你們了。」田村太太雖然這麼說，臉上的表情看起來還是游刃有餘。

到最後，我終究沒為這家人幫上什麼忙。不過，公平先生說他願意從下次開始參加自立訓練教室。因為我太佩服他們發明的鐵鍋澡盆入浴法，對兩人讚譽有加的緣故，逗得公平先生非常開心，似乎很欣賞我。明明我就沒幫上他們什麼忙啊。

回程時，W小姐在車裏繼續跟我聊天。「說到那位八十八歲的川口奶奶啊，記得嗎？就是推她出去散步時被課長撞見那位，我平常會以志工身分定期陪她去醫院回診。每次一去醫院，那些護士和營養師總是很愛教育川口奶奶。一下說『那個不能吃』，一下說『小心鹽分別攝取過多』。都已經八十八歲的人了，對她說『吃那種東西會不長壽』是什麼意思啊，她已經夠長壽了吧。真是的，這些醫院裏的專家永遠搞不清楚重點。叫他們也來做一次居家照護就知道了啦，那種教育是行不通的。」

一直對醫院採取批判態度的我，此時感覺自己工作的老人安養中心也成為W小姐批判的對象了。特別照護安養中心的老人家們確實很有個性，但是需要居家照護的老人家則不只是有個性，每個人的生活方式都截然不同。對他們而言，維持自己的習慣是生活中不可或缺的事。住在安養中心裏的老人家，原本也都該過著這樣的生活，我能否確實理解這一點呢？

15 雞同鴨講的對話

有些問題行為，並非失智所引起

「午安！」

一如往常，保健護理師A小姐還沒出聲寒暄，腳就先踏進人家大門玄關了。平常這種時候，屋內通常沒有人應聲。因為幾乎所有家人都下田或在菜園裏工作，只留老人家獨自在家。老人家睡覺的房間一般都在最裏面，他們耳朵又不好，聽不到A小姐的「午安」。鄉下房子不上鎖，保健護理師和看護和我，三個人就這樣踏進人家家門，扶老人從床上起身，偶爾幫忙換尿布，再給家屬留張紙條什麼的。

沒想到，這天的情形和平常不一樣。A小姐才剛說完「午安」，屋內立刻有了反應，而且還是位老太太的聲音。

「喔喔，妳來得正好，救救我！這個家的人都欺負我，救救我！」

一個老奶奶從屋內跑出來，拉著A小姐的手不肯放開。跟在她後面出來的家人們一臉「受夠了」的表情。原來是她的媳婦和兩個孫女。雖說在前來的車上A小姐已經大致說明過狀況，但照這情形看來，家屬已經束手無策了。

大約一星期前，八十四歲的倉田益子奶奶開始出現燥動不安的情形。夜裏突然醒來，說些莫名其妙的話，對試圖讓她冷靜下來的兒子媳婦及孫女破口大罵等等。家人透過鎮上的民生委員聯絡保健護理師，安排的家訪日正好是我每月一次到這個鎮上來幫忙的日子。

纏著A小姐不斷地說「請救救我」的益子奶奶就交給A小姐，我則負責和家屬溝通。

聽家屬說，益子奶奶個性雖然有點怕生，卻不是那種會刻意找人麻煩的類型。

「想得到可能是什麼原因嗎？」我這麼一問，媳婦便說：「嗯，或許是因為去年爺爺過世的關係。他們夫妻感情很好，奶奶大概受了很大的打擊吧。前幾天剛做完週年祭，過去的回憶都湧上心頭了。啊，對了，還有一件事。奶奶有個經常結伴打槌球的好朋友，因為那位老太太最近住院了，奶奶也不去打槌球了。」如此詳細地告訴我很多關於益子奶奶的事。

八十四歲的老人家行為出現問題時，肯定會被醫生診斷為「老年失智症」。問題是，如果連家屬都認為「既然是失智那也沒辦法」就輕言放棄，將老人家送進精神病院的話，說得好聽一點是「交給專家照顧」，事實上只是將老人家趕出原本的生活場域罷了。問題行為的原因並非失智，因為還有很多即使失智仍過著穩定生活的人啊。無論是不是失智，大部分的問題行為都能在生活中找到具體原因。

舉例來說，有位連自己的名字都快說不清楚，已根據「長谷川式失智症量表」確診為「癡呆」等級的藤田良子奶奶，某天晚上忽然出現大吼大叫的幻覺症狀，原因卻是出在三天沒排便。後來經過妥善的排泄照護，順利改善了她的問題行為。事實上，失智老人往往是用「問題行為」來提醒照護者他們正出現便祕、發燒或其他身體上的不適。如果此時我們將問題行為全部歸咎於「失智」，解決方法就只有餵食安眠藥強迫他們保持安靜，使老人家因藥物副作用而變得虛弱，或是將他們關進美其名為「個人房」的「禁閉室」了。

在和專家商量之前

除了便祕等身體因素之外，造成失智老人問題行為的第二大因素就是「人際關係」。比方說家屬很少探視、和原本親近的人疏遠等，致使失智老人出現自我認同危機時，往往容易產生遊蕩或失眠等問題行為。

這次倉田益子奶奶的狀況，或許也可以用下面這個假設來解釋。先是經歷了喪偶之痛，又遇上好友住院的別離之苦，再加上伴侶週年祭增添了新的悲傷。這些或許就是造成她問題行為的原因。

因為喪失人際關係所造成的問題，原則上可以用新的人際關係來填補治癒。只知一味用藥物等化學物質治療的做法太缺乏智慧了。

聽到益子奶奶的家人說「萬一這種狀態持續下去，恐怕得送進精神病院了」，我趕緊提出建議：「不如今天下午先讓她參加自立訓練教室吧。如果方便的話，希望她能每個星期都來參加。要是這樣狀況還穩定不下來，我們再考慮下一步好嗎？」姑且先打消了他們送奶奶住院的念頭。

之所以這麼做，是因為我過去對精神病院留下的只有痛苦糟糕的印象。不管讀老人照護或老人看護的專業書籍，裏面都寫著「一旦出現失智症狀，請盡早諮詢專業醫師」。這時，如果立刻把出現夜間遊蕩症狀的老人家送去醫院接受診療，醫生通常會說「安排住院吧」。住院一週後，醫院方面來了聯絡，說是「遊蕩情形好多了，可以來探視了」。一去探視才知道，老人家確實不再遊蕩，但那並非情緒穩定的表現，只不過是失去遊蕩的精神和體力罷了。眼神渙散，連我是誰都認不出來。到了這個地步，不得不認為晚上在走廊上大吼大叫還比較像他該有的樣子。

有了幾次這種經驗，我開始對「找專業醫師商量」這件事保持謹慎態度。寧可在那麼做之前，由我們「外行人」先盡可能想辦法嘗試改善。

幸好，這天益子奶奶一心只想離開「欺負自己的家人」，家人們也對益子奶奶不實的指控感到厭煩了，等不及下午來臨，直接讓纏著A小姐不放的益子奶奶跟我們一起搭車回鎮公所。

在車上還很浮躁的益子奶奶，到了鎮公所後終於恢復鎮定，看到認識的人也會打招呼，還跟人聊起天來。雖說內容依然是控訴自己家人欺負她，但表情已經沉穩許多，也有餘力聽別人說話了。

最常聽到的一個說法是，失智者的問題行為在面對最親近的人時往往最嚴重。一般來說，最親近的人莫過於家人了。正因為是關係親密的人，所以才死命地想透過問題行為表達內心的訴求，但是這種時候，或許有必要暫時遠離關係緊密的家人。

原本的表情、笑容

下午開始的自立訓練教室裏，聚集了不少因為腦中風後遺症而拄著拐杖的人及坐輪椅來的老人家。在這群人之中，倉田益子奶奶顯得和大家格格不入。畢竟她還能用硬朗的雙腳在教室裏走來走去，臉上又帶著焦慮不安的表情，一個人就把平常教室裏和諧的氣氛破壞殆盡。

這時，一個得過腦中風的老人家朝她開口：

「妳不是那個嫁給倉田的小益嗎？」

雖然是很久以前的事了，沒想到出現了一個認識少女時代益子奶奶的人物。

「咦？你是新田家的龜吉嗎？」

兩個十二年不見的小學同學在這裏意外重逢。

從這時開始，益子奶奶臉上恢復了平時的表情。自立訓練教室每週固定舉行遊戲復健，今天玩的是丟圈圈大賽。為了讓第一次參加的益子奶奶也能順利加入，臨時改成這個最簡單的遊戲。

「這樣丟出去就行了嗎？」

在小學同學龜吉先生的指導下，益子奶奶丟出手中的圈圈。畢竟身體沒有任何障礙，圈圈很順利地丟中目標，大家紛紛拍手，益子奶奶臉上竟然出現了笑容。此時的表情和三個小時前在家的時候有如天壤之別，我和A小姐都鬆了一口氣。

意想不到的是，三點一過，益子奶奶就開始坐立不安。原因是「想回家」。明明原本一直嚷著「那個家的人都欺負我」，現在卻迫不及待地想回那個家。

保健護理師A小姐趕緊打電話給倉田家的媳婦：「奶奶的狀況已經穩定下來了，送她回去之後請不要再提早上的事，像平常那樣迎接她就好。」

就這樣，彷彿什麼事都沒有發生過似的，益子奶奶回家了。

「下禮拜也要來喔。」

聽見保健護理師這麼說，奶奶回答：「好啊，當然會來。」

那天，結束所有接送工作也開完反省會後，保健護理師A小姐忽然說了奇怪的話。「三好先生，今天那位倉田奶奶十年前曾得過輕微的腦中風，請她來自立訓練教室的原因也是因為身體障礙的緣故喔。麻煩你配合這個說詞。」

「咦？什麼意思？」聽我這麼一問，A小姐才進一步說明：

「如果對外說她有精神方面的障礙，就不會是由鎮公所的保健護理師負責，而會被送到衛生所那邊去了。說來很無聊，公家機關就是這麼囉唆。」

「這樣啊，行政真是一門複雜的學問。」

「嗯，不過，像這樣換個方法處理就沒問題了。」A小姐又露出開朗的笑容。

至於益子奶奶的後續狀況，後來她又參加了四次自立訓練教室，在復健遊戲中大顯身手，成為大家崇拜的對象。她自己做出了「不用再來這裏了」的判斷之後，就不再來參加了。聽說現在好好地在家幫忙田裏的工作，原先住院的好朋友也出院了，兩人又開始結伴打起槌球。

解決失智老人問題的方法——創造人際關係

自從我們發現，自立訓練教室不只對身體障礙老人有效，對失智老人也有一定的效果後，我和保健護理師便開始安排失智老人參加。

第一個成功說服家屬讓她參加的是山口聽美奶奶。這位個頭嬌小的八十三歲老太太，嘴裏總是小聲嘟噥著什麼，仔細一聽才發現根本就是些不成對話的內容。家人下田工作時，家門明明上了鎖，聽美奶奶卻不見了。第一次被正巧路過的看護發現送回，第二次怎麼也找不到她，動用有線廣播請鎮民幫忙尋找，還差點出動消防隊到山裏搜尋，就在這時接到鄰鎮警察聯絡，說是暫時安置在派出所裏了。看來她是自己一個人沿著長達十二公里的舊國道走到鄰鎮，令人想不通的是，嚴重駝背又只能小步移動的她，怎麼有體力和腳程走到那麼遠的地方去？

雖然成功說服她參加了自立訓練教室，聽美奶奶卻一點也鎮定不下來，還是那麼浮躁。似乎不是每個人都能達到倉田益子奶奶那樣的效果。

「畢竟她出現失智症狀已經有六年了啊。」A小姐說。

就在我也認為無望，準備放棄的時候，自立訓練教室的工作人員也開始表達不滿了。原來，為了聽美奶奶一個人，不但給工作人員增添了很多麻煩，也影響到周遭其他老人家的權益。只要稍微沒盯著她，聽美奶奶就會擅自跑到教室外。好不容易勸說她回來，就算跟她說「點心時間快到了，請先在這裏坐好」，她還是立刻站起來跟著工作人員走來走去。不只如此，她還會隨便拿別人的東西，東西的主人一提醒她，她就惱羞成怒找人吵架。有時更連別人的點心都擅自吃掉……

「職員人手原本就有限，你們又帶癡呆老人過來是要我們怎麼辦？」甚至有工作人員這麼抱怨。

不料，狀況很快出現了變化。自立訓練教室忽然來了另外一位失智老人大島德乃奶奶。就在應付不了聽美奶奶而爆發不滿的時候，怎麼還會願意接受另一位失智老人呢，未免太有佛心了吧。一問之下才知道，原來德乃奶奶的兒子是鎮上的有力人士，因為對失眠遊蕩的德乃奶奶束手無策，才會透過鎮長，請課長幫忙安插她來上課。

「既然山口家的失智奶奶可以去，我家奶奶應該也可以吧。至少上課這段時間，我老婆可以喘口氣。」聽他的說法，這裏似乎是他最後一絲希望了。

訓練教室的工作人員心裏當然很不是滋味。光是聽美奶奶一個人就讓他們忙不過來了，現在還要加上另一個失智老人。眾人一方面心懷不滿，一方面為教室接下來的氣氛感到不安，大島奶奶就在這樣的氛圍中來到教室。

結果你猜怎麼樣？大島奶奶一走進教室，在沒有任何人介紹的狀態下逕自走向聽美奶奶坐的沙發，一坐下來就開始跟她說話。教室裏還有其他十幾位老人家，大島奶奶和聽美奶奶原本也不認識。

從此之後，她們兩人就形影不離了。已經先來教室一個月，對環境比較適應的聽美奶奶會主動告訴大島奶奶廁所在哪裏，腰腿比較硬朗的大島奶奶則會在聽美奶奶起身時伸手拉她一把。

「人自然而然就能找到同類呢。」我們不由得佩服起來。

有一天，我看到她們兩人坐在走廊邊的沙發上，絮絮叨叨地聊了三十分鐘。即使是當時已有十幾年老人照護經驗的我也沒辦法和她們說上三分鐘的話，因為她們總是很快就會遊蕩到旁邊去了。沒想到，這兩人竟能一起靜靜待在同一個地方三十分鐘！

於是，我站在一旁偷聽她們到底聊些什麼。

大島奶奶說：「我非回鄉下老家不可，兒子就是擋著不給去。」光是這句話就重複了好幾次。另一方面，聰美奶奶則是反覆叨念：「早上我的腰兜不見啦，肯定是媳婦偷拿走的。」兩人根本就是雞同鴨講，完全不成對話。可是，她們彼此共享的是一種相同的氣氛，這是任何專家都模仿不來的事。

照顧一個失智老人非常吃力，家屬往往因此疲憊不堪。可是，只要有兩個失智老人，雞同鴨講的對話也能成立。失智老人之間有一個彼此共鳴的世界。三個失智老人在一起時就構成了秩序，五個失智老人在一起時，甚至會看不出到底誰失智。

解決失智老人問題的方法就是放棄以老人為治療對象，轉而為老人增加新的人際關係。換句話說，就是將治療方向轉為「創造人際關係」。

16「還是叫救護車比較實在」

與其出國考察，不如先考察自己國家的文化

到現在還有很多人想學國外的老人照護，真是令我百思不得其解。姑且不論制度、政策或勞動力的問題，光看照護的本質，日本已經達到吸引外國人來觀摩學習的水準了。當然，或許那些只是片面優點，可是幾乎所有去外國考察看到的也只不過是「片面」。再說，北歐等地與日本文化差異太大，又怎能把他們的做法套用在日本的老爺爺、老奶奶身上？那些一心崇尚外國的人對日本國內老人面臨的現實問題不屑一顧，一味佩服國外的做法，原封不動帶回來套用，對老人和第一線照護人員來說，只

會造成困擾。

比方說，有個安養中心的所長，在看到北歐安養中心色彩繽紛的建築和房間裝潢後大感佩服，仿照同樣的做法，將特別照護老人安養中心的牆壁漆成了色彩強烈的原色。會這麼做的所長多半是女性，我只想對她們說，安養中心又不是幼稚園。日本的老人家有他們自己的老年文化，乍看之下不起眼的打扮，其實展現出對色彩的深度美學。

聽說也有安養中心高層因為讚賞國外對隱私權的重視，觀摩之後決定打造只有單人房的安養中心。我認為這種做法太不了解日本人的個性了。對上了年紀的人來說，單人房根本就是「孤單老人房」。別的不說，看看目前日本安養中心照護人員的整體人數就知道，安養中心的單人房，很快就會變成無人探望的「禁閉室」。

某天，朋友打電話給我，說有來自北歐的參訪團想觀摩遊戲復健，問我該去哪裏接洽才好。可見，日本人想出來的遊戲復健已經揚名海外。

此外，也有從英國來的留學生表示「很想親眼見識遠藤先生的團體訓練」。他口中的「遠藤先生」，指的是語言療法師遠藤尚志。遠藤先生曾帶著右半身不遂及患有失語症的人們搭輪椅出國，邀請那個國家的失語症患者一起進行團體訓練。那個國家盛行個人主義，人們似乎沒有「言語誕生於人際關係之中」的概念，更別說加以實踐了，遠藤先生的做法因此受到國際注目。那些嚷嚷著想出國考察的人，為什麼不先考察從日本文化中誕生，已經在日本老人家之間獲得好評的做法呢？

外國的做法中最不值得參考的就是入浴照護。儘管外國人也有入浴習慣，但每天都要泡澡的似乎只有日本人。即使一樣在日本國內，據說沖繩人直到近年來才有泡澡的習慣。似乎是因為沖繩的老人家在日間照顧中心泡了澡，覺得很舒服，從此之後家裏才開始設置泡澡用的浴缸。

由此可知，只有淋浴習慣的國外入浴照護法，根本不可能適用於日本人。別的不說，光看洗澡這件事在生活中佔據的重要程度，日本和外國就有很大的差異。對日本人而言，透過洗澡這件事，最能「親身」感受自己活在人際關係之中。

民間發起的日間照顧服務——與下山名月的相遇

離職創業後不久，我開始過起在廣島與東京兩地往返的生活（兩邊都是住家兼辦公室，都只是一間小套房而已）。離職之前，整整三十五年只搭過一次飛機的我，現在卻每星期都得搭飛機，不只生活產生了天翻地覆的變化，人際關係的拓展與變化更是巨大。

某天，一封信寄到我在廣島的住家兼辦公室，寄件人是「下山名月」。後來我才知道「名月」的讀法是「NATSUKI」，當時擅自讀成了「MEIGETSU」。因為無論從字體或文體看來，都讓我以為寄件人必定是一位適合穿和服的中年女性，在這樣的想像之下，把「名月」當成了花道或日本舞領域中使用的「稱號」。

信裏寫著她想推動的事情，以及希望我提供的協助等等。令我驚訝的是她想推動的事情之內容。「我想推動支援居家老人的日間照顧服務。不過，我不想將臥床不起或失智老人排除在外，也不願設下年齡限制與地區限制。相反的，我希望狀況愈是艱難的人愈能接受這項服務。因此，我不想跟隨公家制度，無法向國家或縣市政府申請費用，只能推動向使用者家屬收費的服務。」

我向來言明「如果要將臥床不起或失智老人排除在外的話，不如一開始就不要做」。拒絕對狀況最艱難的人伸出援手，只會說著「請大家到公車站牌集合」，將中央或縣市的稅金發給還能自己搭上公車的老人家，這到底算什麼德政？

國民納稅不就是為了將來自己最困難的時候能夠派上用場嗎？國家政府將臥床不起或失智老人排除在照顧之外，等於是告訴現在還能來領補助的老人家「等你開始臥床或失智就不要來了」。這種做法只會製造更多臥床不起與失智老人吧？既然中央或縣市只會做這種事，本來應該用稅金推動的服務，只好由我們民間人士來發起了。

下山小姐的提議令我非常驚訝，因為，這豈不是和我平常演講或舉辦講座時呼籲的事一樣嗎？這個人是不是在哪聽過我的演講啊？我這麼想著，把信讀完之後才知道她並沒有見過我，只是讀了當時我出的第一本書《老人生活照護》（醫學書院），認為「如果是這個人或許願意提供協助」而找上了我。直到現在，每次下山小姐介紹我時都會說「與這本書的相遇，改變了我的人生」，其實我才想說，與下山小姐的相遇，大大改變了日本的老人照護現況。

我很快決定和下山小姐碰面。見面之後更加意外的是，她和我所想像的樣子完全不同，不是中年女性，而是一位仍保有少女氣質，個頭嬌小的年輕女性。這令我有些訝異，然而，更令我訝異的是她為了實踐日間照顧服務而提出的具體方法。

「以外行人為中心」的實踐方式

她告訴我，她已經直接找日本生活協同組合（譯注：相當於生活合作社，簡稱生協。根據「生協法」設立，以促進市民消費生活水準為目的的組織）的理事長交涉過了。她找上的是生活俱樂部生協。生活俱樂部生協活躍於首都圈，甚至曾將有「代理人」之稱的議員送進地方議會。下山小姐在得知一項關於特別照護老人安養中心的建設計畫後，以「與其將今後老人照護的重點放在建設安養中心，毋寧更該重視居家老人的照護，請務必撥款支持民間發起的日間照顧計畫」說服生協撥出忘了是三千萬還是四千萬日圓，用來將一處閒置的生協配送中心改裝成日間照護所，以生協主導經營的方式展開這項計畫。

因為我一直待在鄉下，關於首都圈的「生活俱樂部」一點概念也沒有，不由得佩服起生協竟然同意這麼大膽的計畫。別的不說，看到突然上門提出計畫的是如此年輕的女性，生協真的會同意一口氣拿出這麼多錢嗎？聽完下山小姐的話，我依然抱持半信半疑的態度。

下山小姐希望我能和她今後的工作夥伴也見見面，於是我隨她一起去了生協，在其中一間辦公室內見到了金田由美子小姐與高田早苗小姐。包括下山小姐在內，她們三位都是不具備任何照護執照的外行人，只是憑著一股想推廣優良照護的心情，三人打算就這麼和義工們一起做下去。

「以外行人為中心」。事實上，這一點也與我多年來的主張不謀而合。我總是故意挑釁地說：「即使是專家齊聚的醫院，還不是製造了那麼多臥床不起或失智的老人，既然如此，就讓我們外行人來扶起臥床不起的人，解決老人的失智問題吧！」話雖如此，我原本預計還得花上十年、二十年才能實現這個理想，沒想到決心以行動落實理想的人這麼快就出現了。

聽說她在日間照護所即將開幕前，帶著宣傳手冊去附近的衛生所打招呼。出來接待的所長問：「那裏有聘請駐所醫生嗎？」「不，沒有。」「護理師呢？」「也沒有。」「只有外行人？」「是的。」「要是發生什麼緊急狀況怎麼辦？」下山小姐說，她就這麼被所長罵回去了。

「可是啊，與其聘請有問題的駐所醫生，還不如直接叫救護車比較實在。」她們這麼說。後來我經常在演講時提起這件事，她們卻說「我們才沒說過那種話，這是三好先生編出來的吧。」奇怪了，我明明就記得聽她們說過啊……

金田由美子小姐告訴我，當初看到在公立安養中心工作的她猶豫著是否該辭職轉行經營日間照護所時，我對她說了這一番話：

「像妳這麼有服務精神的人，在職場上一定跟別人格格不入吧。其實不是妳太積極，而是其他人太消極了。可是，如果繼續這樣奮鬥下去，個性會變得愈來愈糟，還是趕快辭職比較好喔。」

我才不記得自己說過這番話呢……

總而言之，她們將這間前所未有的民營日間照護所取名為「生活復健俱樂部」，開始靠三個人的力量經營起來。事實上，說前所未有並不正確，當時在群馬縣已經有一所專為失智老人服務的日間照護所，以田部井康夫先生和松井俊雄先生為中心運作的「美里保養所」（現在更名為「美里日間照護所」，由田部井先生主掌）。下山小姐她們三人在生活復健俱樂部開始營運前，曾經到美里保養所觀摩過。據說當她們看到那間借用小學臨時教室克難經營，同樣由外行人擔任照護工作的設施時，內心不禁湧現「我們也來做吧，我們一定也做得到」的心情。

為了採用「普通」方法而花費的「特別」工夫

公家機關開辦的日間照護服務，一天只要五百日圓就能利用。那麼，真的會有人願意支付好幾倍的費用來民間開設的日間照護所嗎？起初的不安，很快就煙消雲散了。包括浴室和廁所在內只有兩百四十平方公尺的「生活復健俱樂部」，多的時候一天有三十個人上門。這裏不但對臥床不起的人來者不拒，接送方面又是比「上門接送」更周到的「床邊接送」，積極接納失智症患者，即使有行為問題也不會拒絕。剛開始的時候，照護所裏有人因為想回家而四處亂跑，有人擅自出門遊蕩，一度陷入工作人員人手不足的窘境。然而，失智老人彼此迅速熟識，雞同鴨講的對話成立，性情也逐漸穩定下來。原本在醫院躺到長褥瘡的人，來到這裏之後恢復到能自己走路。這種微小的奇蹟一再出現，不，對患者本人或家屬及我們來說堪稱是偉大的奇蹟。加上我跑遍日本演講介紹，吸引了來自全國各地的照護工作者來做兩天一夜的觀摩，也有人申請進來實習。

有些人對這裏的餐點特別佩服。用家庭式電飯鍋煮飯，用大鍋子煮味噌湯，加上與生協合作的餐廳送來的配菜。工作人員當然也一邊照護一邊吃同樣的食物。「一點都沒有團體供餐的感覺呢。」對方佩服地說。

也有人對這裏的排泄照護感到驚訝。他說：「這裏沒有在做排泄照護啊？」事實上，工作人員會看準時間一一提醒受照護者該去上廁所，不知不覺他們就自己輪流上完廁所回來了。「仔細想想，這才是正常的排泄嘛。」一位從特別照護安養中心來觀摩的舍監嘆著氣說。察覺這種排泄照護真正意義的人並不多，如果不是擁有第一線照護經驗的人，可能什麼都察覺不到就離開了。

不過，在生活復健俱樂部裏面，最劃時代的項目就是入浴照護。「別因為他們的身體有障礙就用特別的方式去做，正因為身體有障礙，所以更要採用普通的方式。為了能用普通的方式，就要花費一番特別的工夫。」這是我當初的建議，當然她們三位也很認同，決定即使是長年臥床不起的人，也不要使用機械入浴裝置。

值得慶幸的是，她們從設施還在建設的階段就開始讓我參與。我提出從玄關到浴室的動線（換句話說就是中間會有人來人往的空間）盡量不要設計成直線，更要避免使用最危險的自動門，這些要求她們都一一實現了。浴室裏設置的是最普通的家庭式浴缸，以及一般宿舍使用的五人浴缸。只在剛開始的時候使用了一陣子將椅子裝在軌道上，利用水壓升降的簡易機械。到後來，能自己走動的人就不用說了，連無法自行站立的老人都不再使用機械，光靠一位女性工作人員就能完成入浴照護。

昂貴又誇張的機械只會糟蹋老人

各位讀者或許會懷疑，不使用特別裝置如何能為臥床不起的老人洗澡？進浴缸時或許還沒有太大問題，就算用力過猛，不大的浴缸應該也能圍住身體，不至於跌落。問題是出來的時候要怎麼做呢？你或許也有這個疑問吧？

其實，各位不妨在泡澡時觀察自己怎麼離開浴缸。是不是先把腳往身體的方向縮，再把上半身往前傾？只要請老人家做一樣的動作就行了。如果力氣不夠大，就把腳再往內側多縮一點，身體再多往前傾一點，水的浮力也會幫忙托起臀部。在專業照護工作者中也有很多人以從後方拉起的方式協助入浴者離開浴缸，事實上，採用普通洗澡時的姿勢進出浴缸就可以了，只要提醒自己記得就好。

生活復健俱樂部不買昂貴又誇張的入浴輔助機械，取而代之的是，在浴室裏安裝高度約四十公分的家庭式浴缸。浴缸裏多加一張椅子就能順利協助臥床不起的老人家入浴了。看到這樣的做法，家屬們紛紛表示「用這種方法或許也能在家洗澡，下次我們也試試看」。除了影響家屬之外，這種入浴照護法更開始普及於全國的日間照護中心或安養中心、醫院等地方。

只會看書面資料紙上談兵的人，往往認定臥床不起的老人就只能躺著洗澡。因此，各鄉鎮縣市爭相斥資購入進口的豪華入浴裝置，為此添購接送用的公務車並增聘工作人員。問題是，情形真正嚴重到完全無法起身的人根本沒那麼多，砸大錢買的裝置幾乎無用武之地。為了不暴殄天物，只好想辦法增加使用者，聽說某鎮連還能下田工作的老太太都帶來使用入浴裝置，那位老太太自己脫了衣服鞋子，自己躺上擔架接受入浴照護。在這種制度下，不只臥床不起的人依然臥床不起，連原本沒病沒痛的人都被當作臥床不起了。這已經不是浪費稅金，而是用稅金糟蹋老人。

生活復健俱樂部的浴室裏今天也傳出老人家哼唱〈草津節〉（編按：群馬縣草津溫泉的民謠）的聲音。剛從浴室出來的小野田奶奶坐在洗臉檯前，一邊讓工作人員幫她吹頭髮，一邊自己在嘴唇上擦口紅。

負責幫忙更衣的義工走出脫衣間，叫了正在日間照護室玩氣球排球的林爺爺。原來是該輪到他洗澡了。林爺爺離開正在玩遊戲的眾人，獨自走向浴室。

遠從北海道來觀摩的特別照護安養中心的工作人員說：「竟然能在這個時候去洗澡，真是難以置信。我們那裏一到下午的洗澡時間，所有入居者都要一起入浴。除了一個留守辦公室的職員外，其他工作人員都得協助入浴，不但沒有多餘的人力帶領遊戲復健，為了避免用來搬運老人的擔架到處滴水，還設下禁足令禁止老人踏上走廊呢。連幫忙吹頭髮的人手都不夠，更別說有那個閒情逸致塗口紅了。」

可是，一年之後，我們收到來自那間安養中心的信：

「回北海道之後說服了所長和建築師，在中心裏設置了家庭式浴缸。結果，現在幾乎不再有人需要依賴機械入浴，原本包括協助更衣在內，入浴照護需要六個人手，現在已經減少為四個了。跟以前相比真是輕鬆得令人不敢相信，入居者和職員們都很高興。」

信封裏還附上一張滿臉皺紋的老太太照片，看來是剛洗完澡，正在對著鏡子塗口紅。

三個外行人小姐的熱情，加上「與其聘請有問題的駐所醫生，還是叫救護車比較實在」的覺悟，促使包括入浴照護在內的日本老人照護，就此改頭換面。

17 不死鳥小野田

醫院造成的褥瘡不可能在醫院治好

我們私下稱那位在生活復健俱樂部浴室外擦口紅的小野田奶奶為「菲妮克絲小野田」。為什麼會叫她菲妮克絲（不死鳥）呢？

「家母目前住在醫院，我不認為繼續住下去她會好起來，可是我又想繼續工作，如果能將她託付給你們的話，我想幫她辦出院手續，帶她回家。」

擔任生協會員的小野田奶奶的女兒找下山小姐這麼商量，她立刻答應：「好啊，請讓她每天過來，我們也會提供床邊接送服務。」畢竟生活復健俱樂部就是為有這種需要的人而設立的機構。

聽到下山小姐這麼說，小野田奶奶的家人立刻幫她辦了出院，我決定和下山小姐一起去拜訪小野田家。

生活復健俱樂部位於神奈川縣川崎市。聽到川崎，很多人一定先想到工業區吧。不過，生活復健俱樂部的所在地並非工廠群集的地區，而是在私鐵小田急線與田園都市線中間的住宅區。其中田園都市線沿線都是新開發的城鎮，高級住宅區中還有不少時髦餐廳，小野田家就位於這種街區的一隅。

到了小野田家，首先令我們大吃一驚的，是屋前長長的階梯。算了一下，總共有二十七階，怎麼看都無法在這裏使用輪椅。該怎麼接送才好呢？

環顧四周，幾乎家家戶戶門前都有階梯。這一帶是由丘陵地開闢成的住宅區，要找到屋前沒有階梯的房子還比較難。

小野田瑛奶奶七十八歲，幾年前得過輕微的腦中風，左手左腳麻痺過一段時間，幸運的是後來完全康復，生活不成問題。過了一陣子，她開始出現步行困難的現象，家人擔心腦中風復發，再次就診的結果，診斷出她得了帕金森氏症。這是一種會導致手腳發抖，最後惡化到僵硬無法行動的疾病。雖然是會不斷惡化的病，近年來使用的藥物已可有效延緩。儘管小野田奶奶還有一點行動不便，還算能自在地過著這個年齡該有的生活。

沒想到，某天因為地面不平絆倒，自己就站不起來了。被救護車送到醫院，拍了X光片，醫生診斷是「大腿股骨頸骨折」，也就是大腿根部骨折，這種骨折經常發生在老年人身上。

我剛進特別照護安養中心工作時，只要聽到老人家大腿股骨頸骨折，內心就有所覺悟了。因為當時的治療方式是在膝蓋打洞，穿過與天花板相連的固定金屬，固定大腿骨，等待自然復原。接下來只能等上好幾個月的時間，其他什麼治療都沒辦法做。問題是，老年人的骨頭癒合速度沒有這麼快，一旦臥床不起，很快就會長褥瘡，喪失食慾，只好插上鼻管。為了防止他們拔掉鼻管，又會將雙手綁起來，要不了多久，老人家就會變得眼神渙散，神智不清了。

直到人工骨骼、人工關節開發之後，這種狀況才獲得改善。使用NASA（美國航空暨太空總署）開發的超合金製的人工骨骼，直接換掉從根部折斷的大腿骨。

如此一來，就能縮短老人家住院的時間，因大腿股骨頸骨折而住院的老人康復出院的機率終於提高了。即使如此，還是有許多人回家後臥床不起或罹患失智症。

小野田奶奶也被轉到大醫院，動完手術後經歷各種症狀，總算順利復原。聽說也接受了復健訓練，一度康復到能撐著平行桿走路。不料，轉到分院之後，再次陷入臥床不起的狀態。

「躺到長了褥瘡，原本腦袋那麼清楚的家母，竟然開始說些莫名其妙的話。」小野田奶奶的女兒嘆著氣說。

她也曾問主治醫生「什麼時候才能出院」。

「結果醫生說『等褥瘡好了就可以出院』。但是我認為褥瘡就是在你們醫院得的，怎麼可能在這裏治好。」

這就是她打電話給生活復健俱樂部的原因。

「小野田太太。」

下山小姐在她耳邊呼喚，小野田奶奶卻像沒聽見似的，一點反應也沒有。應該是因為剛出院，情緒還有點混亂吧。

我想檢查她的腿還剩下多少力氣，是否能靠自己站起來，於是對小野田奶奶說「請把兩邊膝蓋立起來」。不知道是聽不懂還是無法隨心所欲移動身體，小野田奶奶只是露出困惑的表情。

已經七十八歲了，過去曾有左半身不遂（雖然只是輕微）的症狀，又罹患帕金森氏症，大腿根部骨折，加上褥瘡和失智現象……老實說，如果是專業醫護大概會放棄她吧。想到過去的經驗，連我也不甚樂觀，礙於在家屬面前無法說得太直接，我還是想給他們留一絲希望。

「請送她到日間照護所吧，在那裏活動活動身體，或許又能回來上下樓梯給你們看喔。」

我記得很清楚，當時說的不是斬釘截鐵的「一定可以」，而是「或許可以」。

「不愧是專家的見解……」

就這樣，小野田奶奶開始每天到生活復健俱樂部報到。出門時，先從床邊坐輪椅到家門口，到了門口，就得動用兩個人從左右兩邊抱她下樓。人手不夠的時候，她就讀高中的孫子也會來幫忙。

在生活復健俱樂部，每天早上自我介紹完後，整個上午是所有人一起進行遊戲復健的時間。接著吃午餐。通常十二點過後就開始吃午餐，今天卻一直玩氣球排球玩個不停，覺得奇怪，一問之下才知道「早上忘記按下電飯鍋開關了」，這種事也發生過幾次。

下午就做各自喜歡做的事。有人繼續早上的復健遊戲，有的老太太會開始打毛線，也有幾個人聊起天來。在這段時間中，工作人員會一一叫大家輪流去洗澡。

剛開始連自我介紹都說不清楚，也不參加復健遊戲的小野田奶奶，現在已經進步到洗澡時能自己在毛巾上擦肥皂，自己刷身體，各種生活動作和溝通都做得愈來愈確實了。

我每個月只去生活復健俱樂部一天。下午，大家一起在地上鋪墊子，躺在上面打滾或慢吞吞地做一個小時的生活復健體操。然後，我會給第一次參加的人或像小野田奶奶這樣需要個別訓練的人一些意見。

小野田奶奶雖然很安靜，但我們知道她愈來愈積極了。能一點一滴恢復原本的自己，她似乎也很高興。

「要讓三好老師看看才行。」「下個月三好老師來之前，一定要練到用單手支撐也能走的程度。」這麼說著，下午她總是一個人扶著平行桿來回練習。

褥瘡很快就治好了。正如字面所示，褥瘡就是躺在床褥上才會長出來的東西。現在過著只有晚上睡覺才躺在床上的生活，當然不會長褥瘡，一轉眼就完全痊癒了。如果繼續躺在病床上治療，不是只能局部治療，就是得鋪氣墊，而且不管治療多久都無法完全痊癒。

六個月後。

「小野田奶奶已經能一個人走上家門前的樓梯了喔。」下山小姐這麼告訴我。

「咦，真的嗎？」我很驚訝。

「可是，三好先生在第一次去小野田家時不就說過了嗎？說她會再回家自己上下樓梯。當時我實在覺得不可能，沒想到她真的辦到了，我還很佩服你呢，心想哎呀，專家的見解就是不一樣，連這樣的案例都知道一定會復原。」

「不，我當時只是不想說得太悲觀……」

走進日間照護室，拄著一根拐杖的小野田奶奶，一邊走一邊笑咪咪地朝我揮手。

想看清楚的時候才會發現「看不清楚」

我到生活復健俱樂部的日子，在結束當天所有接送和記錄後，慣例會在小田急線百合之丘車站前喝一杯。工作人員、從各地來觀摩或跟我學復健體操的人也會一起來湊熱鬧。因為有人是工作上來出差的，如果以喝酒的名義邀請，他們一定不好來參加，所以取了個「個案討論會」的名義。不過，由於像小野田奶奶這樣出現戲劇性變化的個案愈來愈多，結果真的變成每個月一次的「個案討論會」了。

我原本是個公私分明，工作一結束就切換為私人模式的人。工作人員們多半也屬於這種類型。可是，和老人相處時發生的事往往是生活中最刺激的部分，喝酒時忍不住還是聊起了關於老人們的事，到最後，工作模式就是我們的人生模式啊。這天，大家又聊起了小野田奶奶。

「能自己走路之後，腦袋也變清楚了呢。別看她總是安靜不說話，其實很會觀察旁人。」

「沒錯沒錯，她的觀察力很敏銳，有次我幫她洗澡時，她忽然輕聲丟出一句『〇〇小姐是個只想到自己的人吧』，還真的被她說中了。」

「她也已經很了解工作人員了喔。上次我看到她在煩惱藥的事情，我就說『要不要拜託今天值班的△△先生』，結果她說『那個人雖然是好人可是記性很差』。」

所有人聽了笑成一團。

「不過，她最近眼睛好像常常看不清楚？」

「對，然後開始戴眼鏡了對吧。其實她原本就有白內障，只是之前一直沒認真想看東西。最近精神好了，開始對周遭有興趣了，當然會想看清楚。這就是她現在才說『看不清楚』的原因。」

別的不說，她現在可是會跟家人一起去聽音樂會呢。要去音樂會就得化妝打扮，要是連鏡子裏的自己都看不清楚，豈不是很傷腦筋嗎？於是，神智不清或臥床不起時不成問題的白內障，現在成了對她來說最煩惱的事。

「她主動說想接受白內障手術，您意見如何？」

嗯……我也很煩惱。白內障並非難治的毛病，只是動完手術之後，好一段時間必須躺在離地面高又狹窄的床上休養，我看過太多老人家就這麼臥床不起。好不容易奇蹟似的把她從床上拉起來，是否真的要再冒著臥床不起的危險去動這個手術，我不由得猶豫不決。無視於我消極的見解，小野田奶奶決定住院動手術，後來更精神抖擻地出院回來了。真令人讚嘆。

附帶一提，現在我開了一間叫做「生活與復健研究所」的小公司，在全國各地舉辦講座和提供指導，工作人員包括我在內只有三個人。其中之一就是辭去生活復健俱樂部工作的下山名月小姐。前一節也曾提過，她個頭嬌小又看不出年紀（其實我知道幾歲但不能講），是個很有魅力的女性，全國各地都有很多她的男性粉絲。

另一位是名叫上野文規的男性。他原本在優惠老人安養中心（譯注：提供有經濟困難的老人以便宜價格入住的安養設施）工作，為了學習更多社會福利相關知識，辭職到東京上大學，後來便開始跟我一起工作。

他為了住進大學宿舍而來東京不久，我就叫他到生活復健俱樂部工作了。一方面是可以在那裏親身實踐最新的照護技巧，最重要的是，當時生活復健俱樂部真的很缺人。

來到生活復健俱樂部的第一天，上野先生就嚷嚷著「感動到起雞皮疙瘩」。從此之後，他除了學分所需非上不可的課程之外，其他時間都在生活復健俱樂部當義工，連接送時的駕駛都由他擔任。

上野先生長得又高又帥，全國各地有不少護理師、看護小姐和舍監阿姨是他的粉絲。在老人安養中心工作的時候也大受奶奶們的歡迎。

說回小野田奶奶吧，動完白內障手術之後，她的眼睛終於能看清楚了。這麼一來，原本老是把「三好老師」掛在嘴上的她，突然變得滿嘴「上野老師」了。拜這件事之賜，現在大家知道為什麼我打從心底不相信女人說的話了吧？

18 失智老人也大歡迎！

接納失智與臥床老人的民營日間照顧服務

「拒絕失智與臥床老人的日間照顧服務毫無意義」，這是我的意見，當然也引起各種不同反應。「要是接收臥床老人，光是洗澡就得動用昂貴的照護機器，不然根本照顧不來。」雖然有人提出這樣的反對意見，但是，生活復健俱樂部使用普通浴缸就能完成入浴照護，正是最好的反駁。

不只是日間照護所，一些特別照護老人安養中心也開始使用普通家用浴缸來幫老人洗澡。廣島的誠和園就是其中一所。那裏的職員把事務長和建築師一起帶到生活復健俱樂部來觀摩，還在這裏實習了一整天的入浴照護。回去之後，他們改建浴室，把原本需要依賴機器才能完成的入浴照護，成功改變為重視老人剩餘體力，尊重老人生活習慣的入浴方式。以上事實證明，即使是臥床不起的老人也不需要用特殊方式入浴。

「收那麼多失智老人做什麼？光照顧一個就夠麻煩了，收這麼多人絕對應付不來吧。」也有這樣的聲音。可是，推翻這個說法的，正是民營的日間照顧服務。

來生活復健俱樂部觀摩、實習的人，回去後開始在民間各地開辦日間照護所。原本在安養中心當舍監，目前在愛知縣一宮市經營「保重俱樂部」的五藤万里代小姐，以及原本在豐橋市當護理師，現在經營「豐橋生活復健俱樂部」的朝倉義子小姐等等，都是其中的代表。此外，原本在宮城縣多賀城市當護理師的內海靜子小姐所設立的「閃亮亮生活復健俱樂部」，以及大阪千里生協集團在公寓裏開設的「B・G南」也陸續展開服務。

由三位原本在特別照護安養中心工作的舍監阿姨開辦的「相互扶持宅老所」，在福岡市內相當有名。不是「託老所」而是「宅老所」（譯注：日語中的「託」與「宅」

同音，「宅」有「家」的意思）。剛開始只是寺廟裏一間兩坪多的茶室，後來租下有七十年歷史的老屋改建成團體家屋（Group home）。山形市的「阿部先生家」成立的契機，就是在工作人員造訪「相互扶持宅老所」後得到的啟發。新潟縣加茂市的「風之歌」經營者原本是某安養中心的舍監，聽了主導「相互扶持宅老所」的下村惠美子小姐演講後，下定決心開辦了「風之歌」。

像這類的民營日間照顧服務，主要利用者都是失智老人。因為公家照護機構以失智為理由拒絕接納，即使願意接納也以一週一天為限，這些失智老者的家屬只好抱著最後一絲希望，轉而向這些民營機構申請日間照顧服務。其中有些地方因而誕生了新的故事。例如「風之歌」就曾遇到一位小姐替失智的祖母申請日間照顧，當天早上工作人員小倉先生去接老人家時，擔心祖母落單的孫女跟著一起到了「風之歌」，一看到那又小又舊的建築，更加放不下心的她又陪了祖母一整天。結果，最後她成為「風之歌」的義工，聽說因此免除了祖母的照護費用。

包括這位成為義工的孫女在內，家有失智老人的家屬異口同聲表明的都是「老人在家時和在日間照護所時完全不一樣」。在家時問題一大堆，到了日間照護所跟其他老人在一起，反而會好好寒暄，有時還會做出體諒別人的行為，原本以為不會玩的氣球排球，竟然玩得雙眼炯炯有神，令家人驚訝不已。看來，照顧單獨一個失智老人是最棘手的事。如果有另外一個老人，兩人之間就會有對話展開，關於這一點，先前已經在自立訓練教室中體驗過了。不，正確來說那只是雞同鴨講。與其說是透過言語溝通，不如說那幾乎是非言語的，甚至可說是下意識的溝通。失智老人是最需要人際關係的一群人，只是他們尋求的是下意識的溝通，這是任何專家刻意想做也做不到的事。

認錯人也能成立的人際關係

在生活復健俱樂部裏有位五十多歲就得了阿茲海默症的富山先生。他只要一看到我就會生氣，破口大罵「你到底都做了些什麼！」或「和你無關！」。當時我已經有十三年的老人照護經驗，算起來也夠資深了。身為資深照護工作者的我，認為自己不可能連一個阿茲海默老人都搞不定，依然笑著接近他。然而，我的努力卻一點都得不到回報。另一方面，富山先生和好幾位女性工作人員處得很好，一看到她們就笑咪咪，不管人家說什麼都願意跟著去做。此外，即使對象是男性，每次看到來接受日間照護的魚店爺爺時，他也會自然露出笑容。

看來這不是道理可以解釋，單純是個性合得來合不來的問題。說不定我長得很像他過去在職場上遇過的囂張部屬，所以他才會這麼討厭我。發現這一點後，我不再白費工夫接近富山先生了，我的任務就是別讓他看見我。

即使照護的家屬再溫柔有耐心，只要和失智老人個性不合，照護就不可能順利。相較之下，只要來到日間照護所，這裏有那麼多工作人員和其他受照護的對象，其中總會有個性合得來的人，換句話說，下意識的溝通在這裏比較容易成立，老人家的情緒也比較容易穩定下來。當然，失智患者隔天就忘了前一天的事，但別忘了「記憶」也是一種「明意識」。只要能夠累積充分的下意識溝通，失智老人就會漸漸穩定下來，展現笑容。

話雖如此，實際上實踐起來並不容易。以山形市的民營日間照顧中心「阿部先生家」（一如其名，主掌者正是阿部昭典先生）為例，這是一所建築老舊程度不輸福岡

「相互扶持宅老所」的機構，曾經有一位推測罹患皮克氏病（Pick's disease）的老奶奶前來接受照護。皮克氏病會造成大腦額葉萎縮，使患者人格出現變化，有人因而產生暴力傾向，也有人不斷焦慮躁動，只要自己或身邊的人靜止下來就會坐立不安。這位老太太也一樣，不得已之下，只好請一位工作人員開車帶她去鎮上兜風。遇到紅燈時，車一停她就發出怪聲，試圖下車亂跑。工作人員只得無視交通號誌，在鎮上繞一圈後，回來換人繼續開車載她兜風。

「如果沒有她在，照護所裏的氣氛就和諧得像個大家庭。」阿部先生說，其實好幾次都想拒絕接受她，家屬也認為被拒絕是無可奈何的事。畢竟已經被公家機構拒絕過才來申請這裏，不管阿部先生接不接受都不會有問題。可是，這麼一來就失去特地開辦民間機構的意義了。捫心自問之後，阿部先生依然努力一次又一次地接受她。

六個月後，這位老太太的狀況開始穩定下來，指著來接受照護的一位老先生說那是自己的丈夫，同時還說某位工作人員是自己的孫子。簡單來說，她是認錯人了。可是我們的解讀是，她只不過是根據昔日的人際關係，開始為自己重新建立新的人際關係罷了。所謂的「丈夫」意思是「像丈夫一樣可靠的人」，所謂的「孫子」則是「像孫子一樣可愛的人」。六個月以來累積的下意識溝通，透過這種形式表達出來。

沒失智的人比失智患者更難照顧

我曾聽到「相互扶持宅老所」工作人員之間的這段對話：「這次要來的是什麼樣的人？失智患者？」「聽說不是失智。」「是喔，那就傷腦筋了。」當然，她們講的是博多腔，不過肯定是這意思沒錯。對她們來說，比起失智患者，沒有失智的人更難照顧。「面對失智患者時，只要好好建立關係，對方的狀況就會穩定下來。可是沒有失智的人往往有莫名的自尊心，照顧起來我們壓力也很大。」

世間對失智老人的印象，往往是「老了之後絕對不想變成那樣」的避之唯恐不及。老人一旦失智，多半就會被送進失智專用的特殊照護安養中心。一般的安養中心還不願意收，就算收了也會關進上鎖的「癡呆大樓」裏。

相較之下，民營的日間照顧服務則創造出一個完全相反的世界。現在媒體終於注意到這類的民營機構，給予「因為小規模所以才辦得到」的評價，但我認為民營日間照顧服務真正有意義的地方，在於創造出顛覆世間的價值觀。看到報紙報導後，或許會陸續出現模仿者，抱著「那我們也來試試小規模經營」的態度來嘗試經營吧。可是我敢斷言，那麼做反而會把老人關進狹小的空間，限縮他們發展人際關係的機會。重要的是問「為什麼會形成小規模」，而不是「只要小規模就是好的」。

我去了名古屋市的民營日間照顧設施之一「銀髮族幸福村」。話雖如此，並不是去觀摩或考察，只是人家邀我去喝一杯，我就去了。圍在一起乾杯的人裏，有個插著鼻管坐輪椅的老人家。聽說他正在那裏短期寄住。家屬原本申請公家設施的短期寄住，只因為他插著鼻管就被拒絕了。或許全家去關島旅行這個理由也引起公家機關反感了吧。

「我們工作的意義就是為了讓家屬在照護之餘也能過著普通人的生活吧？現在這種時代，普通家庭一年出國旅遊一次也不為過啊。連這都不願意提供支援，公家機關辦什麼短期寄住啊！」我憤憤不平地說。「真的，雖然爺爺插著鼻管，既然家屬都能照顧得來了，領薪水做事的人當然更該做得到。」銀髮族幸福村的主事者藤本久子小姐也這麼說。同時，身為老人照護工作者，我們實在以公家機構的反應為恥。

藤本小姐原本在老人醫院當看護助手。曾幾何時，她看到醫院裏有這麼多職員，有這麼多老人，卻只能提供那種程度的照護，內心不禁浮起疑問。接下來才是她最厲害的地方。不愧是第一線工作人員，她不只是坐在那裏罵國家不好，罵厚生省不好，或是把一切都怪罪給政治和制度，而是進一步思考「說不定靠自己一個人反而能以良好的照護品質同時照顧好幾個老人」，就這樣試著動手做了。

她說服家人搬到更大間的獨棟房子，二樓是住家，一樓改建為日間照護所。「這樣的話，對老人來說或許是『幸福村』，對妳的家人來說可就是『辛苦村』了呢。」我開玩笑這麼說。可是，無論是她的先生、父親或兩個女兒都笑容滿面，對這有點和別人不一樣的生活樂在其中。

做得開心就做了，想那麼多幹嘛

提到稚內，大家都知道這是日本最北邊的城市。我曾兩度受邀到那裏演講，第一次去的時候還任職於市政府福利科長的鈴木總生先生，在我七個月後第二次造訪稚內時，竟然已經辭去公務員的工作，開辦起民營日間照護所「暖陽」，嚇了我一大跳。

這麼說很沒禮貌，但如果是月薪少的舍監阿姨或看護助手辭去工作開始經營日間照護所，那還容易理解。可是，在這種不景氣的時代，北海道公務員可說捧著最穩定的金飯碗。或許對鈴木先生來說，寧可捨棄金飯碗也要從事一份好工作。除了得到稚內市的家訪護理師的熱心支持外，只有鈴木先生一個工作人員的「暖陽」還有兩名女性義工幫忙。照護所使用的房子也是朋友免費租給他的，話雖如此，這又是一棟歷史悠久的老屋。我開玩笑說「與其說這裏是『暖陽』不如說是『雪堆』吧」，鈴木先生笑著要我閉嘴。隨著社會對失智老人看法的轉變，男性社會的價值觀也確實開始崩解。

我開始想，帶來這些嶄新實踐與價值觀轉換的，除了少數照護工作者外，幾乎都是外行人。那麼，當初還未取得物理治療師執照時那個外行人的我又是如何？即使對醫療體系中老人受到的待遇滿心憤慨，也只會一邊喝酒一邊批評專家罷了。

當時的我可曾有過像他們這樣試著實踐的勇氣與行動力？沒錯，我確實在講座上或著作裏狠狠批評過醫療體系。可是，這難道不是因為我心知肚明，如果沒人回應我的批評，只要回頭靠執照的力量在醫院找個工作就好？用說的、用寫的當然很簡單。對照之下，身為外行人的他們及她們又是如何？假設現在推動的民營日間照顧服務觸礁了，等待他們的只有周遭「早就跟你說過了吧？那種事怎麼可能行得通」的冷嘲熱諷而已。

我深自反省，重新警惕自己。看到這樣的我，某位從事民營日間照顧服務的女性便這麼對我說：

「你們男人真是麻煩，做得開心就做了，想那麼多幹嘛呢？哈哈哈！」

我過剩的自我意識，就這麼被老人們和這些照護工作者拆除得一乾二淨。

19 擺脫尿布學會

兩成五的打擊率

聽起來很像在炫耀，真是不好意思，其實我也有媲美「追星族」的粉絲呢。他們不但定期購讀我擔任編輯的《Bricolage》月刊，還調查出我預定的行程，在我於各地舉行的演講台下出沒。

當我在講台上開始說話，總會在前幾排看到熟面孔。這時，我會突然不知道該怎麼繼續。

「和上次講一樣的內容真不好意思，他們會不會覺得怎麼又講同一個笑話啊。」

我也會忍不住這麼擔心。

「請別介意。為了讓同事聽到跟上次一樣的內容，我每次都會帶不一樣的同事來。再說，這就跟聽古典落語（日本的單口相聲）一樣，每次都會在同一個地方笑出來啊。」

不用「老套」或「單一模式」來形容，而是形容成「古典落語」。追星族不愧是追星族。

在東京近郊醫院工作的護理師M小姐就是其中一人，她已經帶同事來不知聽過我幾次演講了。

「這個人很沒禮貌喔。每次我休假時就說我又在『追星』了，還說『能讓妳這麼著迷的人一定是個大帥哥』。實際上見到之後完全不是這麼回事，她好像很失望呢。」M小姐這麼一說，她的同事便慌張地說：「不是叫妳絕對不能說出來嗎？」哎呀，我只是個中年微胖男子，真是不好意思。

「對了，有件事想拜託您。」M小姐說。「能否請您陪同家訪一次呢？」

原來，她在醫院裏隸屬家訪看護部門，平常負責將近二十位出院患者的家訪工作。然而，明明是家訪，主要的工作內容卻像是醫院看護的延長，不是處理褥瘡就是洗淨膀胱等，按照我的說法就是「為醫院造成的臥床不起患者擦屁股」。就在她內心產生「這樣真的沒問題嗎」的疑惑時，正好聽了我的演講。

「明明知道不可以讓老人家躺在床上不動，可是又不確定這套方法對我實際上照顧的老人家適用到什麼程度，所以才想請您去看看。萬一我照顧的是不用臥床也沒關係的人，我卻持續讓他們臥床不起怎麼辦，一想到這個就坐立不安。如果三好老師看了之後也認為『這個人一定要躺著才行』，那我就可以放心了。反過來說，如果是不用躺著也行的人，能幫助他從床上起來豈不是最好嗎？所以，請您務必來幫忙看看。」

我拿這種積極熱情的人最沒轍了。

「一起去看看吧，雖然不知道我能幫上什麼忙。我的打擊率可是只有兩成五喔。家訪之後覺得自己真的有幫上忙的，四次當中大概只有一次吧。我是很想努力進步到三成打擊率啦。」人都還沒去就開始找藉口了，儘管如此，我還是調整了行程。

只要能靠自己起身……

人家都叫我「雨男」。為了幫助身體有障礙的老人家，我們每年組成「拒絕臥床不起隊」，帶老人們坐輪椅參加阿波舞祭典，可是只要發起人之一的我也跟著參加，那年的祭典就一定會下雨。有我同行的家訪日也常碰到雨天。和M小姐約好的這天也一樣，明明天氣預報是晴天，出發時卻下起了雨。下雨天家訪最困擾了，因為不能帶老人家出門散步。

這天M小姐預定要去拜訪兩戶人家。第一個造訪的是一位因腦溢血而臥床不起的六十九歲男性。

「六十九歲，還很年輕哪。六十九歲的人平均還有將近二十年的餘命，不會因為得過腦溢血就縮短，接下來二十年的生活該怎麼過，確實是個重要的問題。」我說。

「我就是這麼想，才不願意讓他繼續躺著，最近開始和太太兩個人合力扶他坐上輪椅，出門散步。可是我一星期只能來兩天，光靠太太一個人又不可能讓先生坐上輪椅……」

「我們來找找看有什麼辦法讓太太一個人也能辦到吧。只要先生能靠自己起身，就有希望擺脫臥床不起的生活。」

今天除了我和M小姐，還有兩位特別同行的護理師，就在我們這麼討論時，載著四人的車子已開到第一戶人家門口。

看到這麼多人來訪，那位先生雖然驚訝，看起來似乎也很開心。

「請跟我握手。盡量用力握，把我當成殺父仇人也沒關係。」

只要他能把我的手握痛，就表示可以靠自己的力氣起身。

「喔！看來沒問題喔。」

我開始指導起身的方法。如果是半身不遂的人，首先要朝手腳正常的那邊側躺，用身體下方那隻正常的手按住床墊起身。不料，他躺的床太窄了，沒有多餘的空間讓他伸手按住床墊。

「請稍微往裏面躺。」

調整之後，終於騰出側躺時可以伸手按壓床墊的空間。

在眾人注目下，先生皺著眉頭用力伸長手肘，把身體撐了起來。屋內瞬間響起掌聲。

「再試一次。」我這麼說。第二次，先生眉頭不皺一下就起來了。看來已經抓到訣竅。

大小皆可

前往第二戶人家的路上，車內的M小姐非常激動。

「從沒想過他可以自己起身，原來這是辦得到的啊。仔細想想，看護學校和研習會都沒教過讓患者自己起身的方法，真是太奇怪了。以後都得讓他起身坐著吃飯才行，對了，也讓他坐著看電視吧。」

「有一個課題需要先解決。為了讓他能更輕鬆地起身，需要換一張比較寬的床。家人可以替他買張新的最好，如果有困難的話，我們也可以去其他地方找找看。」我說。

「我也從來沒想過是床鋪寬度的問題，跟醫院借來的床都是窄版的。對了，上次過世的山本先生用的那張床好像很寬，那張床現在不知道怎麼處理了。」

我們就這麼在車上討論起對策。

第二位家訪的是九十歲的老奶奶。聽說因為骨折住院，回家時已經變成臥床不起的狀態。我一看病歷上寫的是「左上臂骨折」，不由得提出疑問。

「手臂骨折怎麼會變成躺到不能動？如果是腿骨折還有可能。」

M小姐回答：「說來丟臉，是我們醫院害將近九十歲的老人家住到臥床不起的。因為床鋪太高，她根本無法下床走動。有時候我都覺得負責家訪看護的我們簡直都在幫醫院收拾殘局。」

其他兩人也頻頻點頭。

九十歲的奶奶笑咪咪地迎接我們。按照慣例請她跟我握手，結果她的手勁太弱了，看來無法靠自己起身。話說回來，個頭嬌小的奶奶竟包著好大一件紙尿布。

「因為四天沒大便了，我怕一次大很多不好處理，就幫她包上了尿布。」跟奶奶住在一起的媳婦這麼說。這樣啊，這可是個好機會。

「今天我們有帶簡易馬桶來吧？是不是放在後車廂？讓奶奶坐在那上面試試看

吧。」我這麼說，想讓老太太嘗試坐著排便。

「一直躺著是會大不出來的喔。除了腹部無法用力外，也會失去重力的幫助。愈是沒有力氣的人愈該坐著上廁所。」在我這麼說明的時候，M小姐已經將簡易馬桶搬進房間了。其他兩位護理師看起來似乎很擔心。

幫奶奶脫掉尿布，讓她坐在馬桶上。在她們這麼做的時候，我暫時離開房間迴避，請媳婦帶我去看看浴室的狀況。就算已經九十歲了，要協助一位女性排泄仍需要一定程度的人際關係。

看完浴室後，我在餐廳裏問媳婦一些問題，聊了半天一直不見房裏傳出聲音，我們才回房一探究竟。

「怎麼用力也大不出來。剛才脫下尿布時我有瞄了一眼，肛門是打開的，原本還以為一定大得出來呢。」M小姐說。不愧是護理師，觀察力真敏銳。肛門括約肌鬆弛時就代表身體已起了排便反射，確實是排便的好時機。

「我看今天先放棄吧。再請兩位將奶奶抱回床上。」在我的指揮下，兩位護理師雖然露出不甘就此放棄的表情，還是將奶奶抱了起來。

這時，我裝作若無其事的樣子朝簡易馬桶裏看了一眼，發現雖然沒有大便，但卻有小便。

心中靈光一閃。「大小都可以啊」。這個方法還是可以用的，我心想。就算坐在簡易馬桶上用力也無法清空直腸，至少可以清空膀胱。尿完之後兩到三小時不會再尿尿。接下來只要算好時間過來檢查，尿布如果沒有濕，就請老人家再坐一次馬桶。循序漸進，或許連搞不清楚自己尿意的老人家也可以不用包尿布了。

「哎呀，早知道應該先拍照」

正當我腦中轉著這些念頭時，房裏忽然傳出一陣騷動。原來正將奶奶從簡易馬桶移回床上時，她突然大喊「要大出來了——」。倉促之間，M小姐往她的屁股一看，也跟著著急大喊「要大了、要大了」。我趕緊跳到床上，支撐住老太太的上半身。M小姐則抬高她的下半身，再次讓她坐回簡易馬桶座。就在剛坐回去的瞬間，伴隨著痛快的排便聲，大量糞便噗咻噗咻地大了出來。

房間裏充滿大便臭味，大家卻高興極了，一點也不在意。

「太好了、太好了，大完之後心情很好吧？」

總覺得護理師們看起來心情更好。由於奶奶已經再次躺回床上了，我低頭檢視簡易馬桶，裏面堆滿小山一般高的糞便，都看不到水桶底部了。

「畢竟四天沒大了嘛。」

「不，看這份量不只四天，肯定更多。」

「因為一直躺著，沒辦法全部排出來吧。真可憐，一直處於便祕狀態。」

M小姐激動得都快哭了。

這時我忽然發現，九十歲的老奶奶本人還光著下半身躺在床上。護理師趕緊為她包上尿布和尿布套。她臉上倒是笑咪咪的，不知道是因為大了這麼多大便心情很好，還是看到大家為她開心的樣子，自己也跟著開心起來了。

「哎呀，要是這些全都大在尿布上，收拾起來可就麻煩了，像現在這樣大在桶子裏就輕鬆多了。」媳婦也笑咪咪地提著桶子去廁所沖。

回醫院的路上，車內氣氛又是一陣激動。

「我們為了讓家屬盡可能輕鬆，所以才指導他們讓患者躺在床上照護，沒想到卻像奶奶的媳婦說的，坐在簡易馬桶上排泄，大便大在水桶裏反而比較好清理。看來以後得改變想法才行了。」

「嗯。每星期兩次的家訪時間，我就和媳婦兩個人合力抱奶奶坐上馬桶吧。還是第一次看到媳婦臉上出現那種笑容呢。」

「話說回來，那些大便就這麼沖掉了真可惜。好想帶回醫院給大家看喔。」

「哎呀，早知道應該先拍照。」M小姐這句話逗得眾人哈哈大笑。

看著她們興奮激動的樣子，我不禁在心裏想，能在發表時一邊說著「大了這麼多」，一邊用幻燈片播出大便的照片，這樣的學會或研究會才是第一線工作人員想參加的吧。

「不好的預感」果然準確

在人體最容易引起排便反射的早餐後，讓老人家坐在簡易馬桶上用力大便，就算大不出來，至少也會小便。接下來便以計算時間的方式引導排尿，循序漸進，最後就可以不用包尿布了。我所提倡的這套「擺脫尿布方法論」，照護第一線很快就有人跟進嘗試。不久，各地紛紛傳來「成功擺脫尿布」的捷報。

「擺脫尿布學會」就此展開。當然不只是「擺脫尿布」，只是以「擺脫尿布」為代表，提倡所有能夠令老人家不再臥床不起的嶄新方法論，在學會上發表實踐報告。自一九八八年起，「擺脫尿布學會」陸續於全國各地舉行。

廣島誠和園傳來的捷報是「擺脫鼻管」。一位原本沒有食慾，只能插鼻管灌入流質食物，又為了不讓她擅自拔掉鼻管而綁起雙手的老奶奶，在嘗試新的方法後已經能自己用嘴巴進食了。

許多像「生活復健俱樂部」及「相互扶持宅老所」這類的民營日間照護所也在學會上出道，向參加者集資。

第一次於東京舉行的「擺脫尿布學會」上發生了這麼一件事。當天我邀請了來自北海道的兩個人上台發表實踐報告，她們是一對由保健護理師與看護組成的搭檔，在進行家訪時嘗試協助老人坐在簡易馬桶上排泄。

「啊？旅費？不用啦。反正我們本來就想去參加。」她們爽快地答應了我的邀請。然而，就在學會開始前兩天，我們辦公室收到她們快遞來的超大包裹，打開一看，裏面是一張用普通椅子打洞做成的克難簡易馬桶。

學會當天，她們輪流坐在這張椅子上，像表演對口相聲似的完成了發表。接著，當我聽見她們說「讓我們來看投影片吧」時，內心出現不好的預感。很快地，我就知道自己果然沒猜錯。

雖然拍到的只是背影，大螢幕上投影出的照片中，是一位老爺爺坐在那張椅子上，正從肛門拉出粗大便的那一刻。

聽說要舉行「學會」，東京這邊的人都以為是學術性的發表會，看到這張投影片的當下，許多人不知該做出什麼反應，露出困惑的表情。儘管只是背影，拍下正在排便的照片也未免太驚世駭俗了。不過，聽說那位爺爺和家屬都笑著表示願意提供協助。

從前在文學領域中，有一個批判現實主義的詞彙叫做「糞現實主義」，我看照護第一線才真是名符其實「糞現實主義」的世界呢。這樣的現實主義壓倒了過往的權威主義與學術性，做為糞現實主義學會的「擺脫尿布學會」則在日本各地不斷增生。

20 慶幸與年老相遇

得知「人都會老」的打擊

年老的意義是什麼呢？一旦進入進步主義這個宗教中，年老和死亡宛如不存在似的。高度經濟成長時代下，追求進步的人們在大都會中義無反顧地工作。某天突然發現留在老家的父母病倒了，這個世代的人才第一次被迫面對「年老」的問題，現在連自己也即將步入老年。從撐起高度成長的時代承襲而來的自我認同忽然崩潰，原因來自兩大打擊，其中之一就是得知「人都會老」。

不得不正視「人都會老」的現實時，依然對進步與發展深信不疑的人們，又不能將年老視為不正義，為了掩飾內心的不安，竟然開始宣稱「人類就算老了也會發展到最後」。

過去的我也曾信奉進步主義，然而，在與年老相遇之後，我拋棄了進步主義。這是天經地義的事。當理念與現實不合時只能拋棄理念。因為出現在我眼前的事實，換句話說，岡田雅奶奶和森田仁之介爺爺讓我看見的事實，比什麼都要真實。

促成我「改變方向」，也令我心服口服接受的是李維史陀（Claude Lévi-Strauss）的著作《野性的思維》（*La Pensée sauvage*）。

《野性的思維》內容有點艱澀，不過照護工作和準備考試不一樣，似乎不會令人喪失抽象思考的能力，我在值夜班的夜裏懷著激動的心情讀完了這本書。

透過田野調查，身為文化人類學家的李維史陀具體證實在那之前被人們視為野蠻的民族之中，其實存在著不遜於西歐國家的獨特文化及科學。同時，他也對視西歐為最文明，其次是亞洲、非洲、野蠻民族的進化論順序，和所有民族都以近代西歐為目標的見解提出批判，直指這只是一種「民族優越感」（我族中心主義）。他認為文化的發展程度不該以時間先後為基準，進而提倡任何文化都具有相同價值的「文化相對論」。

相對於以時間先後為基準來評斷文化的「歷時分析」，他則提倡「共時分析」的看法。這是一種空間與時間同步，將世界縱向切割分析的看法。換句話說，無論哪個時代，只要將時間暫停來看，世界各地各種固有文化是同時並列的存在，理所當然互相影響，這才是世界的真實樣貌。意即「全世界的文化都以西歐為基準進化」只不過是一種幻想。任何時代都有各種文化同時並存，相互影響。

原來如此，原來還有這種對世界的看法啊，我興奮不已。既然如此，這套看法或許也能套用在「年老」上。按照進步主義的看法，所有人類的目標都是「進步」，年老這件事沒有意義，只是在進步之中遭到淘汰的、值得同情的對象。這就像是指稱未開化的野蠻民族必須努力西歐化一樣。歐洲人對此做了什麼？以傳教士和槍砲打頭陣，徹底破壞其他民族的傳統文化，強行推動西化。當然，他們是打著善意與人道主義的旗號。

年老的世界=既有的異文化

試著以共時性分析的方式縱向剖析時代吧。觀察時代的切面，一定會發現每個時代都有小孩、有成人也有老人，不同世代並存於同一時代，彼此影響。年老不該是從時間軸上淘汰的東西，而是做為既有的異文化而存在於時代裏。

人們常把「老人問題」掛在嘴上。然而這不是老人的問題，而是其他世代與老人世代之間的問題。

我們是否真能將「年老」視為既有的異文化呢？看來是還差得遠呢。李維史陀在《野性的思維》第一章便開宗明義提出了嚴厲的批判，批判沙特將未開化民族視為「發育不全的畸形人類」，自認必須提供熱情守護與援助，那是「民族優越感使然」。我認為，同樣的批判也可套用在世間對年老的認知上，換句話說就是「世代優越感使然」。

翻開醫學書籍，所有關於年老的記述都是「能力衰退」。和誰相比？當然是和年輕世代相比。讀一讀心理學書籍，對老人心理特徵的描述又是無止盡的「衰退」，沒有一句好話。和誰相比？當然是和年輕世代相比。總而言之，年老永遠被拿來與年輕相比。這就好像拿世界上其他民族跟西歐相比，然後斷言所有民族的發展都比西歐慢。說兩者同樣是「優越感使然」應該沒錯吧？

「首先我們必須明白，老人的時間和我們的時間流動速度不同。我們總是說老人『動作慢』、『遲緩』。就算包裝成『對刺激產生反應的時間延遲』，說到底還是在指責『遲緩』。一般都認為時間的流動是客觀的，我卻認為每個世代都具有自己的一套時間流動速度，對老人而言，緩慢的時間流動正好符合這個世代的身體狀況。然而我們卻用客觀的時間流速為統一標準，擅自認定老人『遲緩』，只能說是大錯特錯。當我們配合老人緩慢的步調時，老人的目光就會炯炯有神，相反地，當我們強制老人配合我們的步調，他們的眼神就會變得空洞渙散。這種時候，是我們破壞了老人既有的時間感。」（引自拙作《老人的生活復健》，醫學書院，第一九八～一九九頁）

這是以前我寫給專業人士看的書，究竟那些走進近代科學這個宗教的醫療專家們能看懂多少呢？

之所以看不懂，不只是因為他們被洗腦的程度太嚴重，我的文章幽默感不足也是個問題。不但不幽默，還充滿憤慨。

有機會的話，我會想再用下面這樣的說法來解除近代對醫學專家的洗腦。包括「失去青春」等價值觀在內，不要再使用這樣的說法（也就是「年輕世代中心主義」的說法）。改成以「從年輕中解放」、「從年輕中站起來」、「獲得年老」等說法來取代。這是哲學家土屋賢二先生提出的觀念，他也是週刊雜誌上有名的專欄作家。

土屋先生是這麼說的：

「首先從美學觀點來看，老人遠比年輕人出色。上了年紀的人不做不必要的多餘動作，不會再在電影院或新幹線車廂裏毫無意義地奔走。如非必要不做多餘動作，視場合甚至可以不做任何動作。這種適度收斂，極度排除無謂動作的美感，令人聯想到能樂表演。

沒有一絲多餘的還不只是動作。在精神層面上也毫無累贅，絕不拖泥帶水，不記住一切不必要的東西。比方說剛才自己說完的話，別人的名字，家裏的電話號碼，甚至是自己的名字等不值得記住的東西，只要全部忘掉就好了。

還有，老人不必借助酒精的力量就能令意識達到適度的模糊，什麼也不做就能進入神智不清的境界。」（引自《我笑，所以我存在》，文藝春秋）

假設醫療能改變……

與異文化的接觸，不單只是因為新奇有趣，更因為能從中看見自身的文化樣貌。如果將年老視為一種異文化，我想試著進入其中做田野調查。不只是將老年人當作必須治療或保護的對象，而是進入老年人之中，探究年老的意義。不，在我察覺之前我早就不知不覺開始這麼做了。

這麼一來，我發現年輕世代這邊（也可以說是近代這邊）其實有許多問題。「年老」被人類排除在「近代」這個狹隘的框架之外。然而，事實上即使是年輕世代或兒童也不算完全容納在進步主義、發展至上主義或著重分析的近代科學框架內，卻硬要在這個框架中扯上老人，提出「老人問題」。

比方說，年老明明是生命的自然過程，卻將其視為近代醫療的治療對象，將自然產生的身體障礙視為必須復健治療的對象，矯正為「標準」狀態，或是用「人權」、「大家都一樣是人」等概念試圖漂白既有的年老文化……

近代醫療常被提起的問題很多。比方說「只看內臟不看人」，就是在批判醫療只會使用分析式的思考方式。「不可能好轉的重度身心障礙兒童或高齡者不在治療對象內」則是對進步主義、發展至上主義的批判。「住院老人很快就會被綁起手腳」、「藥物的副作用導致失去求生欲望」等種種批判，都是因為醫療根本沒有將年老內化為自己的一部分，才會引發這樣的怨懟之聲。

假設醫療能改變，我認為那會發生在與老人相關的醫療第一線。因為這裏濃縮了近代最大的矛盾，是醫療相關工作者最能深刻感受到自己渺小無力的場域。過去有太多醫界人士不認同這一點，或是乾脆逃離這個場域，今後卻不能再這麼做了。不管怎麼說，我們即將邁入以老人居多的世界。

身為站在醫療界角落工作的人，同時也是從充滿屎尿的老人照護端觀察醫療的人，我希望能為醫療（或將範圍擴大到近代）提供具體的方法論，使醫療能夠適用於自然發生的年老與障礙。為了回報至今與我相遇的老人們，這是我所能做出的最小回報。為什麼說是回報呢？不只是因為有他們，中學畢業學歷的我才勉強能餬口飯吃，也不只是因為他們瓦解了過去束縛我的僵硬觀念。是老人們教會了我，當未來自己步入年老時該如何自處，也是老人們促使我思考在步入年老前，如何將年老視為自己的一部分而活。

這就是為什麼許多照護工作者慶幸自己能與年老相遇。如果可以的話，我希望所有不得不與年老相遇的家屬以及更多人能抱持和我們一樣的想法。

這本書的內容並不是介紹老人照護的具體方法，也不是直接探討老人論。只是以散文的形式，描述那些失智與臥床不起的老人如何與熱愛老人的照護工作者相遇的個人體驗。不過，在這些體驗之中或許隱藏著新的照護方法及老人論的「原石」。不知道我有沒有順利取出這顆「原石」的能耐。

後記

我向來認為對照護第一線人員提倡照護方法論是自己的使命。因此，當出版社提出以一般讀者為對象的出書企劃時，令我既緊張又不知所措。沒想到，開始寫之後卻寫得很開心，過去相遇的老人們的表情、穿著和氣味，彷彿都在腦海中重現了。不過，其中也有不少超過二十五年前的事，到哪裏是真正的事實，到哪裏又是記憶重新組織而成的，連我自己也不清楚。不過我後來也看開了，就把留在腦中的記憶當作事實來寫吧。

人一上了年紀，活在過去回憶之中的比例會逐漸大於活在當下。我寫這本書時的樂趣之一，就是和過去職場上的同事分享這些共同的回憶。

即使未來難以捉摸，直到現在我仍不曾放棄對未來的希望。只是，陷入回憶的機會確實愈來愈多了。要是今後生活在回憶中的比例會愈來愈大，我很想為老後的自己增添更多回憶起來充滿樂趣的體驗。為此，工作時或許不要去想什麼社會使命，而是秉持書中提到的民營日間照護所女性工作人員那句「做得開心就做了，想那麼多幹嘛呢」的精神才對。不過，我的個性確實有點莫名認真的地方。

本書中提到的老人名字都是假名。照護工作者的名字有真名也有英文拼音的縮寫。

如果沒有法研的瀧本真人先生和秋編輯事務所的秋元秀俊先生提出企劃和給予適當的建議，就不會有這本書的誕生。在此感謝二位。

一九九九年八月

三好春樹

生活與復健研究所（生活とリハビリ研究所）

http://www.mdn.ne.jp/~rihaken/

國家圖書館出版品預行編目資料

老大人陪伴指南：青銀相處開心就好，想那麼多幹嘛？／三好春樹著；邱香凝譯. -- 二版. -- 臺北市：經濟新潮社出版：家庭傳媒城邦分公司發行, 2019.06
面；　公分. --（自由學習；23）
譯自：じいさん・ばあさんの愛しかた：“介護の職人”があかす老いを輝かせる生活術
ISBN 978-986-97836-0-6（平裝）

1. 老人養護　2. 居家照護服務　3. 照顧者

544.85　　108008065